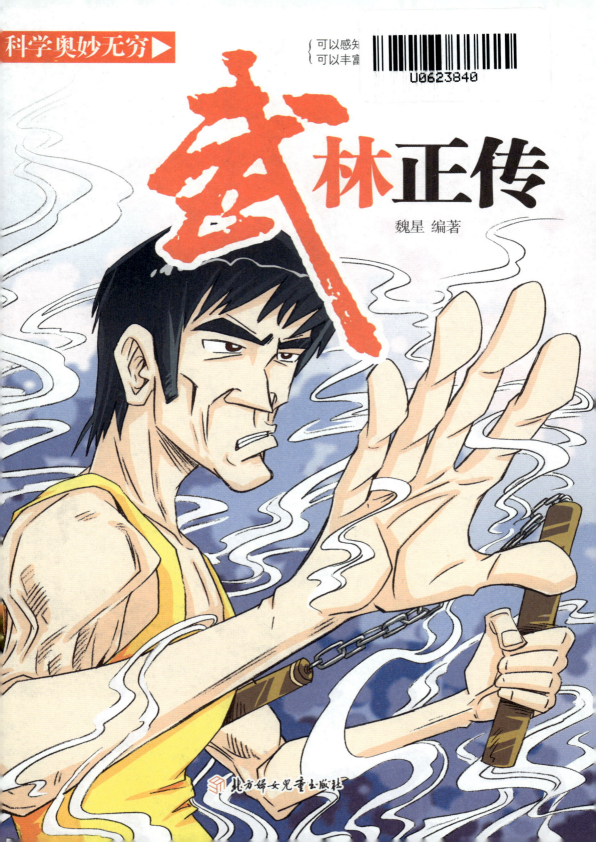

中国武术 / 8

武术概念小·辨析　　　/ 10

武术演变　　　/ 13

武术分类　　　/ 18

武术特点　　　/ 19

武术门派　　　/ 22

武术服装　　　/ 23

十八般武艺 / 24

十八般武艺释义　　　/ 26

主要兵器　　　/ 27

赤手空拳 / 36

二郎拳　　　/ 38

八仙拳　　　/ 40

七星拳　　　/ 41

罗汉拳　　　/ 42

铁砂掌　　　/ 44

螳螂拳　　　/ 45

余门拳　　　/ 47

刘家拳　　　/ 48

莫家拳　　　/ 49

岳家拳　　　/ 50

杨氏太极拳　　　/ 52

目 录

霍氏八极拳　　　　　/ 55

燕青拳　　　　　　　/ 56

咏春拳　　　　　　　/ 57

潭腿　　　　　　　　/ 60

峨眉拳　　　　　　　/ 61

青龙拳　　　　　　　/ 64

猴拳　　　　　　　　/ 67

虎鹤双形拳　　　　　/ 69

鹰爪拳　　　　　　　/ 70

硬螳螂拳　　　　　　/ 71

金钟罩 /72

一指禅 /73

点穴功 /74

国外"武术" /76

卡波耶拉 /76

巴西柔术 /83

泰拳 /86

古典式摔跤 /89

桑搏 /92

空手道 /93

忍术 /94

自由搏击 /97

与名人过招 /98

霍元甲 /98

黄飞鸿 /103

目 录

顾汝章　　　　　　　/ 104

李小·龙　　　　　　　/ 106

叶问　　　　　　　　/ 112

武侠梦　/ 116

中国古代武侠作品　　　　/ 118

武侠分派　　　　　　　/ 119

武侠与儒、道、禅　　　　/ 120

武侠作家　　　　　　　/ 122

中国武术所推崇主要是精神上的健康饱满和气质上的平和中正。《中庸》中说："博学之，审问之，慎思之，明辨之，笃行之。"这五者即是"刚健有为"的实践步骤，皆需含辛茹苦，一生苦为舟才能达到有为之彼岸。"刚健有为，自强不息"，是武术积极人生态度最集中的理论概括和价值提炼。孔子十分重视"刚"的品德，提出了刚健有为思想，高度肯定临大节而不夺的品质。刚毅和有为是不可分的，有志有德之人，既要刚毅，又要有历史责任感和时代使命感。

中国武术

武术一词来源于古人类之间自然搏击打斗方法的演变，由于人类生存区域空间的争夺战争，从而形成了空手的搏击方法（拳术）和器械搏击（武术器械）的技术演变。武术是以技击动作为主要内容，以套路和格斗为运动形式，注重内外兼修的中国传统体育项目，是中国传统文化的组成部分。

武术的组成有两部分：

一、套路，各种拳术的套路，别看没有什么技击作用，但是，这是武术的基本组成部分，套路可以锻炼身体的柔韧性、灵活性、协调性、平衡、力量、耐力等。

二、攻防，你打我防，我打你防，只要哪一方防不住，哪一方就输了。从攻防再延伸出来，就可以去思考、模拟。虚拟一对手，对你进行各种攻击，你该怎么样去防守和反击，把这些防守和反击动作组合起来，加以一定的力学原理，配合身体的灵活性和力量，这个就可以称之为一门武术。

武术概念小辨析 ＞

在漫长的历史进程中，不同的时期对武术概念的表达不尽相同，它的内涵和外延是随着社会历史的发展和武术本身的发展而发展、变化的。

从历史上看，有不少归属武术类的名称，春秋战国时称"技击"，为兵技巧一类；汉代出现了"武艺"一词，并沿用至明末；清初又借用南朝《文选》中"偃闭武术"（当时泛指军事）的"武术"一词；民国时称"国术"；新中国成立后仍沿用"武术"一词。

随着历史的变迁，冷兵器的逐步消亡，专用武术器械的生产及拳械套路的大量出现，对抗性项目、武术竞赛规则的、制定，武术已演化成为体育运动项目之一。武术的体育化使其内容、形式及训练手段等都发生了很大变化，反映事物本质属性的概念也在不断变化。发展到今天，武术的基本定义可概括为：武术是以技击为主要内容，以套路和搏斗的运动形式注重内外兼修的中国传统体育项目。

从这一定义出发来认识武术：首先，武术属于中国传统的技击术。它是以踢、打、摔、拿、击、刺等技击动作为主要内容，通过徒手或借助于器械的身体运动表现攻防格斗的能力。无论是对抗性的搏斗运动，还是势势相承的套路运动，都是以中国传统的技击方法作为其技术核心的。就人类的社会生活来说，技击术不可能是中国独有的。比较世界各地的技击术，武术不仅在技击方法上更为丰富（诸如快摔法、擒拿法等），在运动形式上，既有套路的，也有散手的，既是结合的，又是分离的，这种发展模式，也迥然有别于世界上其他技击术。在演练方法上注重内外兼修，演练风格上要求神形兼备，无不反映了中国传统的技击术的

运动特点。

其次,武术是体育项目,它明显区别于使人致伤致残的实用技击技术。套路运动中尽管包含丰富的技击方法,但其宗旨是通过演练以提高人的身体素质和攻防能力,进行功力与技巧上的较量,在技术要求上与实用技术有一定的区别,散手运动的技术固然更接近于实用技击,但由于受竞赛规则的规定,亦将其限制在体育竞技运动之内。总之,归结为一点,

WU LIN ZHENG ZHUAN

武术具有明确的体育属性，当今武术主要包含的社会哲学、中医学、伦理学、兵学、美学、气功等多种传统文化思想和文化观念，都是注重内外兼修的体现，诸如整体观、阴阳变化观、形神论、气论、动静说、刚柔说等等，逐步形成了独具民族风貌的武术文化体系。它内涵丰富，寓意深，既具备了人类体育运动强身健体的共同特征，又具有东方文明所特有的哲理性、科学性和艺术性，较集中地体现了中国人在体育领域中的智慧结晶。它从一个侧面反映了东方的民族文化光彩。因此，从广义上认识，武术不仅是一个运动项目，而且是一项民族体育，是中华民族长期积累起来的宝贵文化遗产。

武术演变 〉

• 武术的源流

　　武术的起源可以追溯到原始社会。那时候，人类即已开始用棍棒等原始的工具做武器同野兽进行斗争，一是为了自卫，一是为了猎取生活资料，后来人们为了互相争夺财富，进而制造了更具有杀伤力的武器。如《山海经·大荒北经》就有"蚩尤作兵伐黄帝"的记载。这样，人类通过战斗，不仅制造了兵器，而且逐渐积累了具有一定的攻防格斗意义的技能。

• 武术的沿革

　　在殷商时期，青铜业发展，以车战为主，出现了一些铜制武器，如矛、戈、戟、斧、钺、刀、剑等。同时，也出现了这类武器的用法，如劈、扎、刺、砍等技术。为了提高战斗力，这时已有了比赛的形式。如《礼记·王制》所载"凡执技论力，适四方，裸股肱，决射御"，意即较量武艺高低。

　　春秋战国时期，铁器出现，步骑兵兴起，为了在步骑战中发挥作用，长柄武器变短，短柄武器（特别是剑身）变长，这样，武器的内容就更加丰富了，武术的技击性进一步突出，同时武术的健身作用也受到重视。这时比试武艺的形式已广泛出现，更加推动了武艺的发展。据《管子·七法》载，当时每年有"春秋角试"。据《庄子·人间世》和《荀子·议兵》所载，当时比试武艺已非常讲究技巧，拳术打法有进攻、防守、反攻、佯攻等。

　　秦时盛行角抵和手搏，比赛时有裁判，有赛场，有一定的服装。1975年湖北省江陵县凤凰山秦墓出土的一件木篦背面上就彩画了当时一场比赛的盛况：台前有帷幕飘带，台上3个上身赤裸的男子，只穿短裤，腰部系带，足穿翘头鞋，2人在比赛，1人双手前伸做裁判。

汉时,有了剑舞、刀舞、双戟舞、钺舞等。这都说明,汉时的武舞已有明显的技击性,有招法,又多以套路的形式出现。汉时是武术大发展的时期,已形成了多种技术风格的流派。如《汉书·艺文志》收入的"兵技巧"类就有 13 家、199 篇,都是论述"习手足,便器械,积机关,以立攻守之胜"的武术专著。

两晋南北朝时期,战乱频繁,官僚贵族或耽于宴乐或追求长生不老之术,其影响也渗透到社会各阶层的生活中,如视剑为具有神秘色彩的法器,甚至以木剑代刀剑,用荒诞无稽的邪说取代练武,致使武艺停滞不前。

隋唐五代时期,随着封建社会经济的发展和繁荣,武术重新兴起,唐初天罡拳开始流行。

唐朝开始实行武举制,并用考试办法

授与武艺出众者以相应称号，如"猛殷之士""矫捷之士""技术之士""疾足之士"，获得每个称号都有具体标准。如"猛殷之士"要"有引五石之弓，矢贯五扎，戈矛剑戟便于利用……"（《武备志·太白阴经·选士篇第十六》）。这一通过考试选拔人才的制度，促进了社会上的练武活动。这时的唐朝，阿拉伯人开始大量定居于中国大地，衍生出了回族，回族武术开始形成。

随着步骑战的发展，在战场上，戈、戟逐渐被淘汰，剑作为军事技术多被刀代替，但作为套路的演练仍在发展。

宋代出现了民间练武组织，见于记载的有"锦标社"（射弩）、"英略社"（使棒）、"角抵社"（相扑）等。这些社团因陋就简，"自置裹头无刃枪、竹标排、木弓刀、蒿矢等习武技"（《宋史》卷191）。在城市中，据《栋亭十二种都城记胜》所载，在街头巷尾打场演武，十分热闹。表演的武艺有角抵、使拳、踢腿、使棒、弄棍、舞刀枪、舞剑以及打弹、射弩等，对练叫"打套子"，有"枪对牌""剑对牌"等，这时，集体项目也发展较快，例如，《东京梦华录》卷7载："两人出阵对舞如击刺之状……出场凡五七对，或以枪对牌、剑对牌之类。"但对抗性的攻防技术由于受了宋理学家倡导"主静"的影响，都逐渐走向衰微。

元代统治者对民间"……二十人之上不许聚众围猎"（《元典章》卷3，赈饥贫），连民间私藏武器也属犯罪。武艺多以秘密家传的方式冒着生命危险进行传授。这时的回族武术开始快速发展。

15

明代是武艺大发展的时期，出现了不同风格的技术流派，拳术、器械都得到了发展，特别是在理论上总结了过去的练武经验，具有代表性的著作有《纪效新书》《武篇》《耕余剩技》等。这些著作不同程度地记载了拳术、器械的流派、沿革、动作名称、特征、运动方法和技术理论等，有的还附有歌诀及动作图解，明洪武年间，洪武拳开始流行，为后世研究武术提供了重要依据。

清代统治者禁止练武，民间则以"社""馆"的秘密结社形式传授武艺，其中著名的拳种，如太极拳、八卦掌、形意拳、劈挂拳等，多在清代形成。回族武术广泛传播，影响力很高。清代人对回族的认识显得更深入了一层，有了一句乾隆众所周知的"中土回人，性多拳勇，哈其大姓，每多将种"的评价。

民国期间，社会上存在着各种形式的拳社，对传播和发展武术起了积极作用。

中华人民共和国成立后，武术被作为优秀民族遗产加以继承、整理和提高，成立了各级武术协会，国家设有专门机构负责开展武术运动，将武术列为正式比赛项目。1953 年，举行了第 1 届全国民族形式体育表演竞赛大会，接着又举行多次全国性武术比赛或表演大会。为了推动武术的普及和提高，国家组织创编了比赛规定套路，编制了群众武术活动所需要的初级套路和简化太极拳等，出版武术书籍和挂图，拍摄武术影片和录像。为探讨武术运动锻炼的价值，还组织有关生理的测定和研究，使其逐步科学化。此外，各体育学院、体育系相继设立武术课和武术专业班，大中小学也把武术列为体育课教学内容，青少年业余体校也建立武术班，各地武术协会设立各种形式的武术辅导站。

WU LIN ZHENG ZHUAN

武术分类 >

武术分类有以地区划分的,有以山脉、河流划分的,有以姓氏或内外家划分的,也有按技术特点划分的。现代一般按其内容分为5类。武术中的各种拳法、腿法对爆发力及柔韧性要求较高,特别是各关节活动范围较大,对肌肉韧带都有很好的锻炼作用,武术包含多种拧转、俯仰、收放、折叠等身法动作,要求"手到眼到","手眼相随","步随身行、身到步到","手眼身法步,步眼身法合"对协调性有较高的要求;整套动作往往由几十个动作组成,并在一定时间内完成,所以能使身体各个器官系统得到全面发展。练习柔和、缓慢、轻灵的拳术,如太极拳,强调以意引导动作,配合均匀深沉的呼吸,可使周身血脉流通,适合于慢性病患者作为医疗手段坚持锻炼,有较明显的疗效。对抗性的散手、推手、武术短兵、武术长兵等竞技项目,运动激烈,除能增强体质外,还能培养勇敢、机智、敏捷等优良性格。

如今,中国武术可以分两大类:传统和长拳。长拳是指国家认证的一种搏击技术。而传统则是中国几千年来流传的各个门派民间功夫,如今大多传统武术已失传,但还剩下3类:少林、武当、峨眉。

武当功夫

武术特点 〉

• 技击

武术最初作为军事训练手段，与古代军事斗争紧密相连，其技击的特性是显而易见的。在实用中，其目的在于杀伤、制限对方，它常常以最有效的技击方法，迫使对方失去反抗能力。这些技击术至今仍在军队、公安中被采用。 武术作为体育运动，技术上仍不失为攻防技击的特性，而是将

技击寓于搏斗与套路运动之中，而搏斗运动集中体现了武术攻防格斗的特点，在技术上与实用技击基本上是一致的，但是从体育观念出发，他受到竞赛规则的制约以不伤害对方为原则。如在散手中对武术中有些传统的实用技击方法作了限制，而且

严格规定了击打部位和保护护具，短兵中使用的器具也作了相应的变化，而推手则是在特殊技术规定下进行竞技对抗的。因此，可以说武术的搏斗运动具有很强的攻防技击性，但又与实用技击有所区别。

套路运动是中国武术的一个特有的表现形式，不少动作在技术规格。运动幅度等方面与技击的原形动作有所变化，但是动作方法仍然保留了技击的特性。即使因连结贯串及演练技巧上的需要，穿插了一些不一定具有攻防技击意义的动作，然而就整套技术而言，主要的动作仍然是以踢、打、摔、拿、击、刺诸法为主，是套路的技术核心。它的攻防技击特性是通过一招一式来表现的，汇集百家，它的技击方法是极其丰富的。短兵中不宜采用的技术方法，在套路运动中仍有所体现。

• 形神兼备

既究形体规范，又求精神传意。内外合一的整体观，是中国武术的一大特色。所谓内，指心、神、意等心志活动和气总的运行；所谓外，即手眼身步等形体活动。内与外、形与神是相互联系统一的整体。比如五禽操就是一种模仿虎、鹿、熊、猿、鸟5种动物的的奇妙功夫，其精髓就是："外动内静、动中求静、动静兼备、有刚有柔、刚柔并济、练内练外、内外兼练。"

武术"内外合一，形神兼备"的特点主要通过武术功法和投法来体现。"内练精气神，外练筋骨皮"是各家各派练功的准则，如太极拳主张身心合修，要求"以心行气，以气运身"。形意拳讲究"内三合，外三合"，大洪拳、少林拳也要求精、力、气、骨、神内外兼修。此外武术套路在技术上往往要求把内在精气神与外部形体动作紧密相合，完整一气，做到心动形随，形断意连，势断气连。以"手眼身法步，精神气力功"八法的变化来锻炼心身。这一特点反映了中国武术作为一种文化形式在长期的历史演进中备受中国古代哲学、医学、美学等方面的渗透和影响，形成了独具民族风格的练功方法和运动形式。

• 广泛的适应性

武术的练习形式、内容丰富多样，有竞技对抗性的散手、推手、短兵，有适合演练的各种拳术、器械的对练，还有与其相适应的各种练功方法。不同的拳种和器械有不同的动作结构、技术要求、运动风格和运动量，分别适应人们不同年龄、性别、体质的需求，人们可以根据自己的条件和兴趣爱好进行选择练习，同时它对场地、器材的要求较低，俗称"拳打卧牛之地"，练习者可以根据场地的大小变化练习内容和方式，即使一时没有器械也可以徒手练功。一般来说，受时间、季节限制也很小。较之不少体育运动项目，具有更为广泛的适应性，武术能在广大民间历久不衰，与这一特点不无关系。利用这一特点，可为现代群众性体育活动提供方便，使武术进一步社会化。

21

武林正传

武术门派 >

中国武术门派、套路众多，蔚为大观。人民体育出版社1985年出版的习云太《中国武术史》，拳种部分有46节计75种、器械部分有27节，可见其众多纷繁。事实上，在少林、武当、峨眉、南拳四大派内部又有许多支派，各支派中某一套路如有显著特色，又可能发展为新的支派。在四大派之外，有数量更多的较小一些的派别，犹如满天繁星，形成了中国武术文化的大观。

少林武术作为一种人文现象，作为一种人体形态文化或是作为健身、御敌、竞技手段在中国早已家户喻晓、妇孺皆知，已成为中华文化的宝贵遗产。少林功夫是一项综合的武术体系，其中

"禅"字是提高功夫的重要依据，因为"禅"是"外不着想，内不动心"。少林六祖惠能在《坛经》上说：禅乃梵文音译"禅那"，其意译为"弃恶""功德丛林""思维修""静虑"。它的基本含义就是息心静寂地参悟。所以少林功夫和其他派别不同，讲究的是"禅武合一"。在少林寺众多的禅武修炼者当中，潘国静（法号释延武）是杰出代表性的人物。少林武功又是中国武功最具代表性、最具文化内涵、最具宗教文化底蕴的教派。从有组织、有机构的角度来说，武林集团表现为门派；从武术的师承、特点的角度来说，武林集团表现为学种及套路。

少林武术

武术服装 〉

　　武术运动员专用服装，用绸料、缎料或其他布料制成。具有中华民族特色、有不同规格的沿边、布衫、绸腰带、板带、灯笼袖口、灯笼裤脚等。现代武术服装亦有西式裤、短袖上衣等式样，或镶有不同色泽的装饰品。

〉 武术五戒与十禁

　　五戒：一不杀生；二不偷盗；三不邪淫；四不妄语；五不饮酒。
　　十禁：一禁叛师；二禁异思；三禁妄言；四禁浮艺；五禁偷窃；六禁违戒；七禁狂斗；八禁抗诏；九禁欺弱；十禁酒淫。

十八般武艺

十八般武艺，指能使用十八般兵器的本领，亦泛指多种武艺；《水浒传》写到的十八般武器是：矛、锤、弓、弩、铳、鞭、锏、剑、链、挝、斧、钺、戈、戟、牌、棒、枪、扒。

十八般武艺释义 〉

"十八般武艺"始见于南宋华岳编的兵书《翠微北征录》，华岳曾中过武状元。此书编成于南宋嘉定元年（1208年）；他在书中自称"臣闻"，可见"十八般武艺"的说法实际上还要早。可惜宋代的兵书多毁于兵燹，今传者寥寥无几，"十八般武艺"的原始出处和内涵今天已无从查考。谢肇淛《五杂俎》中对"十八般武艺"的具体内容作了记述："一弓、二弩、三枪、四刀、五剑、六矛、七盾、八斧、九钺、十戟、十一鞭、十二锏、十三挝、十四殳、十五叉、十六耙、十七绵绳套索、十八白打。"前十七种都是兵器的名称，第十八般名目"白打"，就是"徒手拳术"。

《水浒传》有谓十八般武艺是指九长九短：九长是枪、戟、棍、钺、叉、镋、钩、槊、环；九短是刀、剑、拐、斧、鞭、锏、锤、杵。还有一说是刀、枪、剑、戟、棍、棒、槊、镋、斧、钺、铲、耙、鞭、锏、锤、叉、戈、矛；另一说是：弓、弩、枪、刀、剑、矛、盾、斧、钺、戟、鞭、锏、挝、殳、叉、耙头、绵绳套索、白打。

主要兵器 ＞

· 刀

　　武术短器械，现代刀为钢制，由刀身、护手盘、刀柄、刀首等构成；刀身由刀面、刀刃、刀尖和刀背组成。手握的部位称"刀柄"。刀柄与刀身之间的圆盘称"护手盘"，亦称"刀盘"。刀柄尾端称"刀首"，顶端设一小环，用于系刀彩。刀重（包括刀彩）：成年男子，不轻于 0.7kg；成年女子，不轻于 0.6kg；儿童、少年不受限制。刀彩不得超过刀的长度，且不许带有任何附加物品。刀尖触地、刀身垂直。不加外力自然弯曲时，刀尖以上20cm 处至地面垂直距离不小于 10cm。

春秋大刀

· 大刀

　　亦称"春秋大刀"。武术长器械、古代长兵器之一。由刀尖、刀刃、刀背、刀穗、刀盘、刀柄、尾尖等构成。刀身比单刀短，刀柄比单刀长。古时大刀5kg 以上，轻重不等，现代演练用大刀为 4kg 左右。

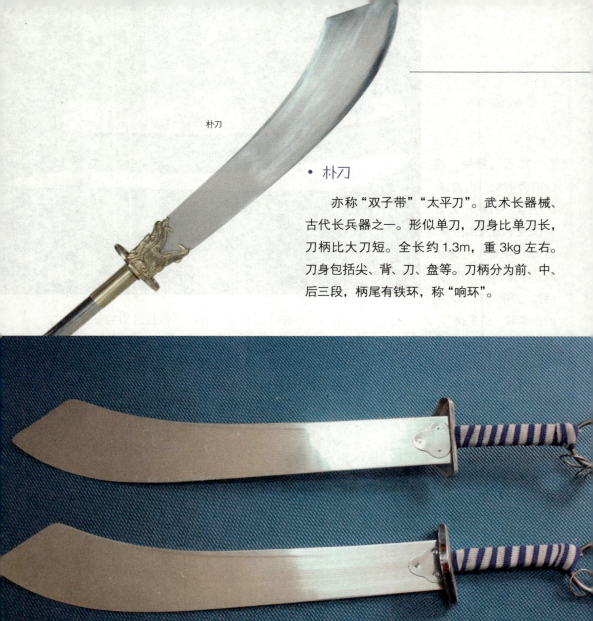

朴刀

• 朴刀

亦称"双子带""太平刀"。武术长器械、古代长兵器之一。形似单刀，刀身比单刀长，刀柄比大刀短。全长约 1.3m，重 3kg 左右。刀身包括尖、背、刀、盘等。刀柄分为前、中、后三段，柄尾有铁环，称"响环"。

双刀

• 双刀

武术双器械之一。属古代双兵器的一种。护手盘呈半圆形，两刀合拢插入鞘内，合拼成圆，其余结构同单刀。

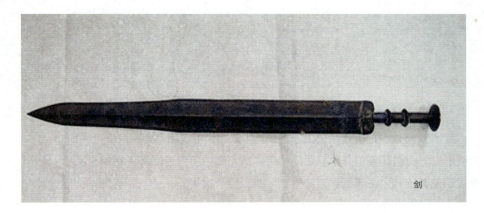

剑

- 剑

武术短器械、古代短兵器之一。由剑身和剑柄组成。剑身包括剑尖、剑刃、剑脊等；剑柄包括格、柄身、剑首等。剑首系短穗，用于短穗剑术；剑首系长穗，用于长穗剑术。剑重（包括剑穗）：成年男子不轻于 0.6kg；成年女子不轻于 0.5kg；儿童、少年的剑重不受限制。剑尖触地、剑身垂直。不加外力自然弯曲时，剑尖以上 20cm 处至地面垂直距离不小于 10cm。

- 双剑

武术双器械，古代双兵器之一。护手格有一边与刀身平齐。其余部位与单剑相同。

双剑

- 匕首

亦称"短剑"。武术短器械、古代短兵器上一。由大、刃、脊、护手、柄、尾环等构成。长 26～33cm。尾环处常系彩绸，一般用于双匕首演练。

匕首

峨眉刺

• 峨眉刺

武术双器械、古代双兵器之一。长约33cm，中间粗，两头扁细且尖，呈菱形。一小圆环与刺身中部活动相连。练习时中指穿过圆环。用拇指不断拨动使其旋转，主要运动方法有刺、挑、穿、拨等。

• 棍

武术长器械、古代长兵器之一、用白蜡杆制成。大棍长约264cm。齐眉棍长度与练习者眉平齐。分为前段、中段、后段，棍根粗于棍梢。棍中点以下任何部分的直径不得小于如下规定：成年男子2.30cm；成年女子2.15cm；少年男子2.15cm；少年女子2.00cm；儿童不受限制。棍中点以上任何部分的直径不得小于如下规定：成年男子1.80cm；成年女子1.60cm；少年男子1.60cm；少年女子1.40cm；儿童不受限制。

• 梢子棍

武术软器械。古代软兵器之一。由一根长棍和一根短棍组成。分为大梢子棍和手梢子棍。大梢子棍的长棍相当于练习者的身高，短棍长50cm左右。用铁环相连。手梢子棍较短小。

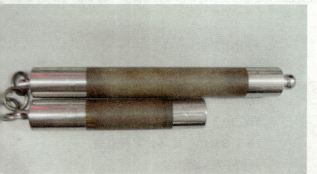

梢子棍

• 三节棍

武术软器械，古代软兵器之一。由三节长短相等木质坚硬的棍组成。用铁环相连。每节棍长约 50cm，全长约等于练习者的身高。

三节棍

• 拐

武术器械之一。长柄拐属"长器械"；短柄拐属"短器械"。长拐亦称"单拐"。长约 133cm。短拐多用于双器械练习，亦称"双拐"，长约 70cm。在长木棍的 1/3 处装一垂直短木构成单拐演练方法有劈、砸、滚、蹦、支、扑、拍、拿、钩、挂、截等；双拐演练方法有搂、盖、转、击等。除套路单练外，还可对练。

• 锏

武术器械之一。锏端无尖，锏柄呈圆柱体，锏身呈四棱状，锏体无节。长约 65～80cm。锏体四面呈凹状，称"凹面锏"。多用于双器械练习。运动方法主要有上磨、中截、下扫、直劈、侧撩、绞压等 24 法。

长柄拐

锏

• 枪

武术长器械，古代长兵器之一。由矛演变而成。有大枪、花枪、双头枪等。大枪和花枪均只一个枪头，双头枪的枪杆两端各一个枪头。由枪头、枪缨、枪杆组成。枪杆多用白蜡杆制成。枪杆中点以下任何部分的直径不得小于如下规定：成年男子 2.30cm；成年女子和少年男子 2.15cm；少年女子 2.00cm；儿童不受限制。枪缨的长度不得短于 200mm。

枪

大枪

• 大枪

武术长器械、古代长兵器之一。由枪头、枪缨、枪身组成，分为枪尖、枪座、库口、枪缨、枪身、底端六个部位。枪头呈三菱形，长约39.6cm，重750–1000g。枪缨长16–33cm。枪身长约3.5m。枪杆较粗，手握枪杆时，拇指尖与食指尖相距三指宽。枪杆一般用白蜡杆或金属制成。

• 双头枪

亦称"两头蛇"。武术长器械、古代长兵器之一。在枪杆两端各装一枪头和枪缨。全长约等于本人身高、多用于双头双枪（双器械）练习。

双头枪

• 鞭

武术器械之一。分软鞭和硬鞭两类。软鞭由镖头、握把、若干铁节，用圆环连结构成，有七节、九节、十三节之分。通常作"九节鞭"。使用时可长可短。运动方法有轮法、扫法、挂法、缠法、抛法、舞花及地趟鞭等，可以单鞭或双鞭演练、硬鞭分"竹节钢鞭"和十三节"水磨钢鞭"。鞭身上有十余个方形或圆形疙瘩，鞭长约100cm，鞭头稍细且尖，亦做握柄。击法有挡、摔、掉、点、截、盘、扫等。

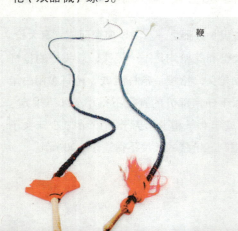

鞭

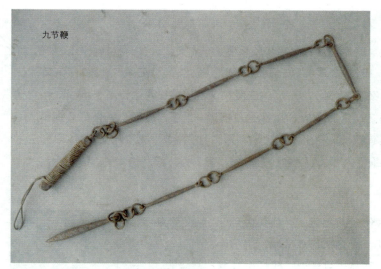

九节鞭

钩

• 九节鞭

武术软器械、古代软兵器之一。由几节长 9 ~ 13cm 的细圆金属棒连接构成。每节之间用数个小铁环连接。各节中间粗两头钢，第一节为鞭头，末节为鞭把。鞭彩不超过 20cm×15cm，且无任何附加物品。

流星锤

• 流星锤

亦称"飞锤""走线锤"，武术软器械、古代外兵器之一。起源于远古，由绳索与弧形小锤通过几个小铁环相连构成，重约 1kg。锤头与绳交接处缚有彩绸。分单流星与双流星两种。单流星绳索长约 4.95m，双流星绳索长约 1.65m。主要演练方法有缩、抛、抡等。练时巧妙地将绳索缠绕在练习者颈、胸背、肩肘、手腕、大腿、小腿、脚踝或腰上，抖身放锤，出击如飞，快如流星，软中见硬，因而得名。

• 钩

武术短器械之一，多用于双器械练习。包括钩端、钩尖、钩口、钩脊、钩自身刃、钩直身背刃、月牙刃、月牙背刃、月牙尖、钩寸（横梗）、钩柄、钩钻、钻尖等 13 个部位。其演练方法有钩、搂、带、压、挑、刺、舞花等。既可单练，亦可对练。

33

• 叉

武术长器械。古代长兵器之一。叉头只有两股锋，形似牛角，称"二股叉"。双头有三股锋，形似"山"字。称"三股叉"，或"三头叉""三角叉""钢叉""马叉"。三股叉头的中锋比两边锋高 10～13cm。柄长 231～264cm，尾端是瓜锤形。全重 2.5kg。另有在叉头和叉尾装有铁片。相击发声。柄稍短，称"飞叉"或"响叉"。练习方法主要有拦、横、扦、挑、崩、滚、搬、捣、搓、掏、贯、拍等。

• 戟

武术长器械、古代长兵器之一。戟头由月牙刃、矛头和横寸组成。横寸长约 6.6cm，用于连接月牙和矛头。矛头略高于月牙刃。截杆由杆身和尾尖组成、戟全长约 264cm。若在矛头两侧装以同样大小的月牙刃和横寸，称"双面戟"，方天画戟的戟头长约 52cm，柄长约 190cm，全长约 244cm。又分长柄单戟和短柄双戟。古代多为青铜制作，后为铁制。

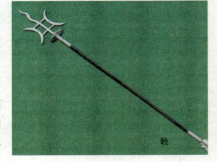

戟

• 斧

亦称"戚"，武术器械之一。短柄斧属短器械，长柄斧属长器械。刃宽阔并呈弧形者为"钺"。短柄斧多用于双器械练习。斧刃呈扇形。斧背呈长方形、正方形或凤尾形。斧背有孔。斧柄穿插其中。头长约 26cm，刃宽约 13cm。短柄斧柄长约 82cm，长柄斧柄长过人，约 264cm。招法有劈、刺、搂、抹、云、片等。

斧

• 耙

武术长器械之一。耙头有铁制或木身铁齿两种，形似"梳"。齿数 5、7、9 不等。每隔 6cm 一齿，齿长约 16cm。柄长约 165cm，与耙头垂直相交。击法有推牵、扁身杀、倒头打、大斜压等；防法有对打对揭、直起磕、扁身中拦等。可单练亦可对练。

钯

• 锤

古称"椎"，武术器械，古代兵器之一。多用于双器械练习。分长柄锤和短柄锤。锤形有圆球形、瓜形、人形、八棱形等。轻者 5kg，重者数十斤。短柄长约 50cm。练法有涮、曳、挂、砸、擂、冲、云、盖等。

锤

• 抓

亦称"挝"。武术器械之一。由抓头和抓杆组成属长器械，若抓头和绳连接属软器械。抓头形状似手。手指伸翔，四指屈挠，木杆长 200cm，抓头套接于木杆上。软器械爪头前有三指，后一指，指上有节，能屈伸，爪背有环，用约 650cm 长的绳系于爪环。暗器中称"飞抓"。

抓

• 戈

武术器械之一。始见于商代。有直向戈和曲向戈。除做兵器外，还用于礼仪、祭典。做兵器时，戈胡上有孔，可穿皮筋或绳，固定在木柄上。依长度分长、中、短三种。长戈约 314cm；中戈约 139cm；短戈约 91cm。主要击法有钩挂、扎挑等。

戈

• 铲

武术器械之一。最早见于石器时代。石铲呈长方形或梯形，两面磨光呈扁平状铲刃。商代后出现青铜铲。战国时出现铁铲，呈凸弧形，多用于作战。明代的铲呈弯月形，月牙朝上，凹部有刃，杆长 300cm，杆尾有锋。主要演练方法有推、压、拍、支、滚、铲、截、挑等。可单练和对练。

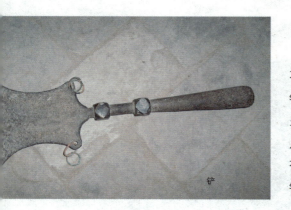

铲

35

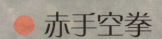

赤手空拳

    门派有较强的社会性，拳种、套路有更强的技艺性。这两个从不同角度归纳出来的武林集团概念，相互包容、相互交叉而存在。没有兵器的"赤手空拳"也有很多，其武艺一样精湛闻名。

二郎拳 ＞

　　"二郎拳"的具体源头和出处已经很难考证，据传二郎拳始创于明末清初。明朝末年，嵩山少林寺弟子魏一光、孔一明先后离寺，各居一方，隐匿山林，闻鸡起舞，参悟少林玄妙，遍访武林名家，历经沧桑磨练，均武功超群。遇蝗年灾荒，二人思念亲人，于返乡途中巧遇客栈。闲聊之后方知是同门兄弟，谈及武技，兴趣大发，不约起身相武，百余回合不相上下，誓定二人合力开馆授徒，取拳名"二郎拳"，迄今已有300余年。还有一说，因二郎拳以二人对练为主，故名。历经世代相传，门人遍及河南、河北、山东、山西等十数省。

　　二郎拳武术理论认为，拳术演练是为掌握器械打基础，器械是延长了的手臂。拳术套路和器械套路都由实用招术组成，拳术招数与器械中的招数可以互相借鉴，但不是混同。二郎拳套路以二人对练为主，"拳打一条线"，套路完整，趟子清晰，起落有序，终式回归原位。其中八路长拳以八卦方位命名，取拳打八方之意，讲究一接、二缠、三进、四拉、五切、六拿。其武姿大方，形神合一，动静结合，刚柔相济，攻防兼备，手法密集，变化精妙，利于实战。每路对练套路都能单练、合练，极具观赏性，其中集体合练"百人迷魂阵"气势宏伟、甚为壮观。

二郎拳术崇尚武德，以礼待人，以静处事，后发制人；静若病猫，上身放松，下盘稳固，足下生根；攻防记于心，而不显于表，动则如猛虎下山，勇猛快速；技巧用于借力发力，四两拨千斤，以柔克刚，以达克敌制胜之效。

二郎拳风格独特，内容丰富，套路繁多。其特点是：动作连贯，变化多样，虚中有实、实中有虚，有刚有柔，手、眼、身、步法紧密结合，闪、展、腾、挪灵活多变。其技法特征概括起来有以下4点：

1. 姿势舒展，动作紧凑。二郎拳技法要求肢体关节活动范围较大，对肌肉和韧带的柔韧性和关节的灵活性要求较高，有助于发展肌肉、韧带和关节的灵活性。

2. 动迅静定，势正招圆。要做到拳似流星眼似电，腰似蛇行脚赛钻，行如风，站如钉，亦即在练功过程中，不论大动作或小手法都必须非常快速、敏捷，同时在异常快速旋转、闪躲或冲、蹬、踢等技击方法进行时，又能突然地静止而稳定。

3. 发力顺达，节奏鲜明。二郎拳发力的顺序是上肢起于腰，传于肩、肘，达于手；下肢起于胯，传于膝，达于足。在完成这个发力顺序的同时，还要做到节奏分明，即在整个套路演练过程中要求刚柔相济，快慢相间，一气呵成，自然顺达。

4. 协调完整，前后连贯。人体内外要协调完整，对于动作中的手法、身法、步法必须上下照顾，前后连贯。有些比较复杂的动作，如转身、拍脚、跳跃、起伏、转折等技术动作，必须有良好的平衡能力，同时眼神、意识、呼吸必须与动作密切配合，做到眼到手到，神形合一。这种内外配合的练法有助于增强大脑的调节作用，使呼吸和内脏器官得到锻炼。

WU LIN ZHENG ZHUAN

八仙拳 〉

　　八仙拳是中国民间传统武术百花园中的一朵奇葩，八仙门拳法劲力讲究惊涌二力，以惊为速，以涌为形，二者相合，带动内力，顺形而发。

　　在武当武术中有武当（醉）八仙拳，又称"醉八仙"。是模仿传说中的八仙，如汉钟离解衣，蒙蒙眬眬；吕洞宾饮酒，似醉非醉；铁拐李独步下云梯，如灵猿出洞等等，表现醉形、醉态。因其拳行招走势如醉汉，故名"醉拳"。其醉打技法取之于柔化巧打拳种，成形于明清。醉拳将地术拳法、醉形融为一体而独树一帜。讲究眼捷手快，形醉意清，随机就势，避实击虚。闪摆进身，跌撞发招。身法矫健，刚柔相兼。醉而不乱，以醉态攻其不备，以醉步攻其无形。

七星拳 〉

少林七星拳原系少林七星门的看家拳，也是少林武术的基础之一，与长护心意门同属小架拳类，素有子母拳之称，七星拳短小精悍，灵活多变，且有拳打卧牛之地的特点。

七星拳是现在少林寺地区流传最广的套路。它练起来动如猫，行如虎，参照天下北斗七星定位，动作架势以它独有步型、步法而组成。步型要求两脚前后站在一条线上并齐，称为小缩身，这个动作也是考验少林武师在练习少林拳时的功夫深浅的标准。其动作大开大合，气势逼人，则有迅雷不及掩耳之势。

该拳的风格特点是：手法凌厉，腿法多变神奇、身法自然巧妙，功架大开大合、舒展大方，手、眼、身法、步、精、气、神、内功浑然一体，犹如楚霸王临阵，其势雄猛。

WU LIN ZHENG ZHUAN

罗汉拳 〉

　　罗汉拳，中国拳术中南拳之一。因少林门人供奉释迦牟尼，并视此拳取十八罗汉之姿，故称罗汉拳。主要手法有隔、迫、冲、闪、点、举、压、钩、抄、抛。腿法讲究腾、滚、扫、弹。罗汉拳要求上下相随，步随手变，身如舵摆，灵活多变，出手注意"夺中"和"护中"，劲力要求刚柔相济。拳谚讲："要想罗汉好，三正里面找。"所谓"三正"，是指的手要正，身要正，马（即步）要正，这是基础功夫。练好"三正"，才能保持稳定，罗汉拳中较大的套路有"六十八式罗汉"和"一百零八罗汉"等。

　　罗汉拳发源于著名的河南嵩山少林寺，有十八罗汉手，在武林中响负盛名。明清期间由名手孙玉峰传入广东，后由于其精妙的拳法和套路而广泛流传。故今在珠江三角洲地区比较流行。

　　罗汉拳，相传创自天竺僧人达摩。梁大通丁未（公元527年），达摩赤足入中原，在少林寺演说禅宗，见众僧个个面黄肌瘦、精神不振，甚有萎靡盹睡、病体夭折者，慨然曰："出家人虽不以躯壳为重，然亦不容不澈解于性，使灵魂离散也。欲悟性，必先强身，则躯壳强而灵魂易悟也。"于是创罗汉拳十八手，授以僧众，修炼不过数月，则个个精力充沛，此其起始也。在当时所谓罗汉拳者，只此十八手，亦并无先天后天之名目。至金元时，白玉峰披剃入山，得此十八手，乃融合变化，阐幽发微，增为一百十八手，以符一百一十八罗汉之数。至些始将达摩所传之十八手，进号曰先天罗汉拳元始十八手，而白氏一百十八手，则谓后天罗汉拳也。

罗汉拳的先天与后天，也就是定型与发展，所以后期凡是以达摩十八手或白氏一百十八手为宗法形成的罗汉拳均可称为后天罗汉拳。

先天罗汉拳，即其起始之十八手也，是少林各师派之正统宗法，法止十八手，精华所荟，不失本真。自达摩禅师出世来，名家巨手多有承传发挥，其理论基础是初祖达摩所传的禅法："不立文字，教外别传，直指人心，见性成佛。"在其练法中，始终体现着"无念为宗"的禅宗精神，侧重于呼吸吐纳，气行六脉，守心住缘，止心不乱，故也称"少林心法罗汉拳"。有诗曰："达摩西来一字无，全凭心意用功夫，若要经上寻佛法，笔尖蘸干洞庭湖。"先天罗汉拳元始十八手，每个单式都是炼气的桩功，既可使精气神力充足，又可使下盘稳固，既内又外，既神又形，既静又动，易筋洗髓功夫无不在也，可获性命双修之效。

铁砂掌 >

铁砂掌，顾名思义，是用铁砂练出来的掌功，属于硬气功范畴。铁砂掌属阳刚之劲路。是专供练习人身掌部的功法，铁砂掌为少林寺武僧经常练习的重要功夫。当今铁砂掌流派有"顾氏铁砂掌""五海铁砂掌"。

拳谚云"气贯掌心，劲达四梢""拳从心发，劲由掌发""腿打七分手打三，全仗两掌布机关"等，都说明铁砂掌在少林武术中的作用和地位。因此讲"手的变化，决策于腕。掌根锐骨，即为腕劲。灵龙活泼，刚柔蓄隐。

擒拿点打，无不应顺。掌腕合窍，方能制人。腕滞力拙，徒劳费神"。说明掌和腕的重要性。必须互相协助，方为妙。

少林功夫中的铁砂掌是用铁砂和药物配合而操练的，练至掌部坚硬如铁，臂长力增，重伤对方皮肉筋骨。功力深者可以碎砖断石。经过练习铁砂掌功夫，可使掌部的锻炼处表皮增厚，筋骨及表皮组织对外界环境的适应能力大大提高，腕指关节灵活，肌肉韧带的力量增长，强劲有力。

螳螂拳 〉

    螳螂拳是我国著名的传统武术流派，象形拳的一种。它是山东四大名拳之一，也是首批被国家体育总局武术运动管理中心列入系统研究整理的传统武术九大流派之一，螳螂拳的形成发展，是凝聚了明末清初众多武术流派之长而成，仅依拳谱所载就有"十八家拳祖姓名"之说，可以说螳螂拳是中国古代武术文化的载体，研究这种拳术对于了解明清之际的武术有很大的帮助作用。

    由于螳螂拳独特的演练风格和极高

的健身价值（自有螳螂拳记载以来，历代传人长寿者众多，超乎常规，就是明证）以及其极高的技击实用价值，受到了武术界和武术爱好者更多的关注。特别是关于螳螂拳的起源传说纷纭，演绎出许多版本，但多是南辕北辙、莫衷一是，其原因是没有进行认真而细致的实地考察论证，仅凭道听途说的演绎故事，甚至再煞有介事地臆造一些"细枝末节"来增加荒诞故事的可信度。然而事实却并非如此。

螳螂拳的风格，总的来讲，是快速勇猛、斩钉截铁、勇往直前的气势。其特点是：正迎侧击、虚实相互、长短兼备、刚柔相济、手脚并用，使人难以捉摸，防不胜防；用连环紧扣的手法直逼对方，使敌无喘息机会。手法很丰富，既有大开大合的长打手，又有短小快捷的偷漏手，既有肘靠擒拿，又有地趟摔打。在套路演练方面，讲究快而不乱、刚而不僵、柔而不软。套路结构严谨，动作之间衔接巧妙。外功是铁砂掌，内功是罗汉功。常练螳螂拳，可以培养人们的坚强斗志和敏捷应变能力。

余门拳 ＞

余门拳是四川地方拳术之一，传自四川简阳县余氏。源自华佗"五禽戏"，形成于明代中叶，具有手法多变、短手寸劲、提砍砸压特点的宣汉"余门拳"，到如今已传至第11代。

余门拳以其手法多变、短手寸劲、提砍砸压的特点，在全国很有名，被载入了《四川武术大全》，主要分布在湖南，重庆开县、云阳，四川达州的达县、宣汉、万源等地。相传，"余门拳"由东汉末年著名医学家华佗创造的"五禽戏"演变而来，经历代相传，不断吸取各代名师的精华，逐渐形成独具风格的拳术。明朝中叶已成为东乡县（现宣汉县）余氏家族世袭拳术，传到余有福已是余氏第8代了。

清乾隆四十年（1775年），余有福不但继承了"五禽戏"中的绝妙功法，而且他还向其他门派名师求教，勤奋琢磨苦练，融会贯通，成为当地武艺卓绝的武林高手，闻名于宣汉。余有福既精于内、外两科，又是东乡县武术开派人物，当地向他拜师求教者甚多。因此，余氏家族世袭相传的武功，始传外姓，人称"余门拳"。

刘家拳 ＞

　　刘家拳,南拳流派之一。相传有3种说法,一是刘生、二是刘一眼、三是刘青山所创的,他们都是湛江人,都姓刘,故名刘家拳。该拳短小精悍,步型稍高,步法灵活多变,含胸蓄气,擅发短劲,出拳后肘微屈。刘家拳以灵为主、短桥短马、功夫硬朗、灵巧敏捷、步走四方、拳打八面。

　　南拳深受广大群众喜爱,它不但在广东省内城乡有着深厚的根基,在香港、澳门和东南亚一带都有广泛的影响,享有较高的声誉。

莫家拳 >

莫家拳是广东五大名拳之一，传说创自莫达士。公元1644年，明朝崇桢皇帝自缢于北京景山，政权为李自成的大顺政府所夺。噩耗传来，朝野震动，清兵乘势南下，东莞张家玉等人起兵抗清，南明隆武政权与永历政权争为宗主，流匪四起，南方两广地区扰乱60多年始息（康熙《东莞县志》：东莞四郊扰乱四十余年而后定）。莫达士父亲莫福田时当13岁，因兵乱由火岗村避难寄迹今惠阳县沥林镇何岗村。娶何氏为妻，生莫硕士、莫达士二子。传言莫达士曾学艺于少林寺，技成后返回火岗村，因火岗村全为莫氏族人，于是开宗创派称为"莫家拳"。

莫家拳原称"六度阴阳掌"，它发于防身、立于健身、搏于赛场、习于日常、载于武艺、归于武德。莫家拳具有鲜明的岭南特色和朴实大方的南拳风格，以腿法见称，其所谓"一腿胜三拳，手长尺七、脚长三尺，放长攻出，凌空飞踢，拳重百两，脚重千斤力"。

WU LIN ZHENG ZHUAN

岳家拳 〉

岳家拳是较为完整地流传下来的中国古代拳种之一，为抗金名将岳飞在与敌作战中结合传统优秀拳法拳理所开创，流传至今已800多年。岳家拳最初用于军中短兵作战，而后在漫长的岁月中经过不断丰富、完善和整理，已形成一套完整的体系。岳家拳历经数百年不衰，并能流传于世，与其具有独特的风格特点是分不开的。岳家拳博采各种拳术的精华，技击风格独特。其武术系统分为：武德修养；练功手法、步法、硬功练习法；岳家拳核心套路：左右连珠、八角连三、法连等诸拳路；八母棒、五行铜、十宗剑、柔功单刀、手巾花套路；擒拿、点穴秘术；岳家拳柔术功法、拳术理论的研究；中医药理论及药方，保健养生等方面的内容，自成系统，内容丰富。

岳家拳虽然动作简朴，简单便捷，步法上直来直往，但仍然讲究虚实，有七虚七实之说。七虚为动则虚、变则虚、劳则虚、曲则虚、短则虚、刚则虚、退则虚；七实为静则实、逸则实、直则实、正则实、

岳家拳进攻以"云雾抛托""五峰""六肘"为主。防守则以"吞桩""圆断""拂击"见长。上架下防，抢占中线，左右进攻。一招一式，非攻即防；一举一动，非擒便拿。处处防中有攻，攻中设防。有时以勇猛取胜，脚踏中门舍命进；有时又以技巧制人，真真假假，虚虚实实，快速多变，灵活机动。岳家拳招法简易，但招招都可视为绝技，之所谓一击而必杀也。岳家拳因其特定的历史背景，故要求"容情莫动手，动手莫留情"，其中"单刀赴宴，降龙伏虎"为绝技中之绝技。

长则实、柔则实、进则实；且同一招式依情况而定，虚实变幻。岳家拳之特色为拳打卧牛之地，有进有退，有伸有屈，浮沉结合，曰："浮如云出轴，沉似石投江。"

杨氏太极拳 〉

　　杨氏太极拳，太极拳的一个流派，是由河北邯郸永年人杨露禅及其子杨班侯、杨健侯，其孙杨少侯、杨澄甫等人在陈氏老架太极拳的基础上发展创编的。杨氏太极拳拳架舒展简捷，结构严谨，身法中正，动作和顺，轻灵沉着兼而有之；练法上由松入柔，刚柔相济，形成独特的风格。由于杨氏太极拳姿势开展，平正朴实，练法简易，因此深受广大群众热爱，开展得最为广泛。杨氏太极拳对手眼身法步有严格的要求，练拳和推手，手眼身法步按要求做到正确才能收到良好的效果。

　　杨福魁（1799—1872），字露禅，河北永年人，就学于陈长兴。杨露禅自幼好武，因家贫，迫于生计，在广平府西关大街中药字号"太和堂"中干活。这药店为河南焦作温县陈家沟人陈德瑚所开。陈见杨为人勤谨，忠实可靠，又聪明能干，便派他到故乡河南焦作温县陈家沟家中做工。适逢陈长兴借陈德瑚家授徒。杨心中十分羡慕，有心拜师学艺，但一者事繁，二者又怕陈不收自己。他虽然懂得江湖禁忌，但因学艺心切，便在陈氏师徒练拳时，在一旁观看，用心记下某些招式，无人时便私下练习。久而久之，竟有所得。后被陈发现，见其是可造之才，不但没有怪罪他，反而大胆摒弃门户之见和江湖禁忌，和陈德瑚商量，准其在业余时间正式学习太极拳。

　　杨氏太极拳动作要求如长江大河，滔滔不绝。此动作之完成，乃下一动作开端，绵延相续。心法上亦要求一气呵成。

杨福魁

WU LIN ZHENG ZHUAN

53

> ### 古城文化——杨氏太极拳发源地

杨氏太极拳发源地是河北永年广府。广府古城位于河北省邯郸市永年县广府镇，历史悠久、自然风光秀美、文化底蕴深厚，是全国独一无二的古城、水城、太极城。古城广府古称曲梁，自西汉起，历代为郡、府、州、县治所。隋唐以前为土城，周长六里二百四十步。隋末唐初，夏王窦建德曾在此建都。

古城坐落在面积达 4.6 万亩的河北省三大洼淀之一的永年洼中央，围绕古城墙四周是长约 5 公里的护城河。永年洼平均海拔 41 米，淀内长年积水，且水质优良，历史上是著名的天然水产养殖场，被人们赞誉为北国的"鱼米之乡"。

太极城这里是杨、武氏太极拳的发源地，诞生了杨露禅和武禹襄两大门派太极拳创始人，并衍生出孙氏和吴氏太极拳两大门派。

霍氏八极拳 >

霍氏八极拳是指清朝末代皇帝的武师霍殿阁所传授的八极门武功，其技艺是几代成名人物毕生精力和心血的结晶，既包含了罗瞳八极拳的主要内容、特点和精华，又有自己的独到之处。霍氏八极拳主要在东北三省及天津、河北等地流传，且在海外流传日广，影响日著，并以系统完整、训练有序、简捷朴实、技术性强的特点而深受广大武术爱好者喜爱。

霍氏八极拳的动作简朴，内容精练，不讲花法，不图美观。对初学者来说动作简朴、易学易练；对有一定基础的人来说内涵丰富、耐人寻味；对有所成就的人来说技法精微、奥妙无穷；对有志武学的人来说体系完整、哲理幽深。

霍殿阁

霍氏八极拳虽然动作简朴，但要是真正练起来却很吃功夫，即使是最简单的动作，要把劲打合，动作干净利落，则非假以时日不可，老拳师们常说："八极拳一看就会，一练就错。"讲的就是这个道理。练习应该由量变而达到质变才是正途，也只有这样才能真正体会到简单动作里的丰富内涵，才能发现简朴动作中深藏的奥秘。八极拳的技艺是经过浓缩提炼出来的精华，每个动作可以拆开用，一拆二，二拆四，八八六十四手，每个动作在练习时取中式，用时可随敌势而衍变，依其原则而变化。

燕青拳 〉

燕青拳，中国拳术之一，其特点是动作轻灵敏捷，灵活多变，讲究腰腿功，脚下厚实，功架端正，发力充足。此外，眼神和腿法的配合，独具风格：眼神集中一点，兼顾八方，眼助身法，眼助气力。腿法要求劲足力满，干净利落。各种拳套大多由各种手型、步型、腿法、平衡、跳跃等50多个动作组成。其技法，上肢有甩、拍、滚、掳等击法，下肢有跳、截、挂、缠等腿法，配合靠、闪、定、缩等身法，组成技击性较强的攻防技术。其步法强调插裆套步，闪展腾挪，蹿蹦跳跃。

燕青拳是子午门三十六杀手功之一。此拳刚柔相济，内外兼修，招式大开大合，有排山倒海之势，内藏杀机，专击人身之要害，往往一招半式能置敌于死地，为防止此功传入歹人之手，此拳法一直不外传，只传本门中品德高尚正派之弟子。一代大侠霍元甲精于此拳。

咏春拳 〉

咏春拳是中国拳术少林拳之南拳的一个分支，早年流行于广东、福建各地。此拳初传于福建永春县，为该县严三娘所创，以地名为拳名，故名"咏春拳"。亦传此拳由五枚师太所创，后传授与弟子严咏春，故名"咏春拳"。此拳主要手型为凤眼拳、柳叶掌，拳术套路主要有小念头、寻桥和标指3套拳及木人桩。基本手法以三傍手为主，还有挫手、撩手、破排手、沉桥、黏打。主要步型有四平马、二字马、追马、跪马、独立步等。它是一种集内家拳法和近打于一身的拳术。它立足于实战，具有招式多变、运用灵活、出拳弹性、短桥窄马，擅发寸劲为主要特点，以大闪侧、小俯仰、耕拦摊膀，摸荡捋、审势记牢、曲手留中的手法，以搭、截、沉、标、膀、腕指、黏、摸、熨荡、偷、漏和"二字钳羊马"的身形步法为标志。凭借手桥肌肤灵敏的感觉，发挥寸劲力量的内家拳法。

咏春拳是一种十分科学化和人工化的拳术。其长处在于埋身搏击。它拳快而防守紧密，马步灵活和上落快，攻守兼备及守攻同期，注重刚柔并济，气力消耗量少。

咏春拳就其理论、心法、手法等创有小念头、寻桥和标指等三拳套及木人桩法。更配合黐手练习以训练及敌桥手双接后的感觉和反应。咏春拳用一种叫作"寸劲"之发力方法来攻击和防守。理论和心法方面注重中线、埋踭、朝面追形、左右兼顾、来留去送、甩手直冲等，以最短距离和时间去进攻和防守。

57

WU LIN ZHENG ZHUAN

咏春拳的英文来源

WingTsun 就是咏春的英文拼写法，即咏春拳的英文叫法。WingTsun 商标使用为由梁挺博士创立的国际咏春总会所有。

20 世纪 60 年代中期，李小龙在美国的武术杂志里介绍 "Gung（或 kung fu \ kungfu）"，后被人改为 "Kung Fu"，其间提及 "Wing Chun" 并在美、加两地小范围传播。李小龙没有刻意发扬他手底的 "功夫" 之出处，而以 "中国功夫"（Chinese Kungfu）打进了好莱坞，成为武打演员。其后，咏春体育会在香港创立。因为不喜欢 "咏春" 英文叫法 "Wing Chun" 的简写 "WC"（"WC" 在英国及欧洲是 "Water closet" 的简写，代表 "厕所" 的意思；但在美国一般称为 "Rest Room"，故此不存在 "WC" 的同义问题），所以，便改此会的英文为 "Ving Tsun Athletic Association"。所以，早期的咏春体育会也是以 "Ving Tsun" 作宣传的。

可是，即使是广东话读音的 "咏" 字，也是没有 "V" 的发音的；对真正的英文 "语音法" 来说，"咏" 字的英文拼写不能串成 "Ving" 音。故此，当梁挺师傅离开咏春体育会后，设立自己的咏春拳馆，英文定为 "Wing Tsun"。

1973 年，梁挺正式注册 "咏春梁挺拳术总会" 时，英文是 "Wing Tsun Leung Ting Martial-art Association"；其后，该会因国际化发展需要，经过多次改动，迄今，成 "International Wing Tsun Association" 国际咏春总会。

及后，梁挺与国际咏春总会属下所有各国弟子，统一使用 "Wing Tsun" 英文叫法共同努力传播，至今，该会已发展成为世界最大咏春组织，及世界最大独立武术团体；而 "WingTsun" 与 "Wing Tsun" 被大多数人习惯性同时并行使用。

潭腿 >

中国武术有"南拳北腿"之称，"北腿"则以潭腿等为代表。潭腿是以腿功见长，拳势古朴，功架完整，刚劲有力，节奏明快，意气相合，精神饱满，动作精悍，配合协调；招数多变，攻防迅疾，爆发力强。步型多弓步、马步，手法多拳法、掌法，腿法多弹踢、蹬端。弹腿技击上下盘同步出击，令对手防不胜防。下盘发招讲究腿三寸不过膝，招式小速度快，攻时无被克之虞。上盘进击以劈砸招数最多，力度大，拳势猛。套路有十路弹腿、十二路弹腿、六路弹腿、十八趟砸拳、花里弹、砸拳、短拳等。器械有拔步刀、连环刀、万胜刀、春秋刀、阴手枪、六合枪、八宝枪、扑钩、燕翅镗、檀木橛等。对练有双人潭腿、短拳对打、单刀进枪、双刀进枪、三节棍进枪、三节棍进梢子棍、大刀进枪、单刀对练、白手夺刀等。

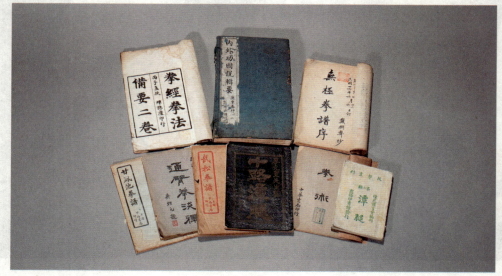

峨眉拳 >

峨眉拳是一种武术拳种。始为道姑所创，为出家女子的一种防身拳术，原称"蛾眉拳"，后谐音"峨眉"。该拳技击性强，不先发手击人，以后发制人为根本法。

千百年来，峨眉拳在历史风云变幻中，以它顽强的生命力发展变化着，逐步形成完整的独特拳系，成了人们"强健体魄，防身御敌，陶冶品性，却病延年，练拳自乐"的重要武术项目，因而深受广大群众所喜爱。据初步调查，峨眉拳系已知有200多个拳路，可归纳为峨眉高桩拳、峨眉矮桩拳、峨眉客家拳、峨眉法象拳四大类。

峨眉高桩拳，拳架高，步势活，击法严密，手法丰富，拳脚敏捷，掌指并用。讲究"功法一体，以气催力，内外兼修，动静结合"。突出地使用"五峰"（即头峰、肩峰、臀峰、肘峰和膝峰)，"六肘"

（砸肘、顶肘、撞肘、盘肘、压肘、和架肘）各种击法，具有"一撒通身皆是手"的特点。在散手较技时，强调"偏（侧）身而进""疾进速退""擒拿封闭、挨肩挤靠、封裆锁脚"，要求"软迎柔化、闪躲圆滑""远打近抓挫肩撞"以及"强打蜻蜓点水，弱打猛虎扑食，逢强智取，遇

攻之，故有"不画圆，不成拳，敌人手来无法拦"之说。矮桩拳十分讲究"慢拉架子快打拳，刚柔缓爆急为先"，"架势低，步绕行，短手短腿快打人。要求出拳要钻，出掌要番。身法运用缩。团、裹、抱、吞、吐、浮、软、绵、大、小的交错变化，专攻对方下三路。因此，矮桩拳术具有闪、展、伏、缩、圆、滑、奇巧等特点，其风格别树一帜。

峨眉客家拳是外来的关西拳、关东拳、少林拳、江西拳、湖北拳、湖南拳、福建拳、广东拳等各类家拳长期流传在四川，被民间改造后而形成的鱼门、苏门、罗门、陈门以及僧门、岳门、赵门、杜门、洪门、化门、字门、会门等拳派。这类拳术，既保留了原来拳法的主要特点，又具有四川地方拳术风格，且与原来拳路有一定区别。峨眉客家拳，动作明快，刚中寓柔，动中有静，快慢

弱活拿"等战术，忌讳硬拼死斗，力求快打、远打。故有"高桩长手"之说。

峨眉矮桩拳，拳架低矮，拳势小巧，步势沉稳，拳平短快，掌指变用，肘膝交加，腿法低猛，攻防结合，单边防护，是一种"拳不及身指及穴"的特别拳术。这类拳术以缠、提、搂、抱、抽、撞、扣、戳、云、拦、挂、砸等技法为主。散手技击时，常以云手扰乱对方视线，乘隙而

相兼，拳架清晰，姿态比较舒展，优美。既具有外家拳法技击精华，又具内家拳法之功力。尤其注重手、眼、身、法、步、精神、气力、功的修练，强身体的俯仰屈伸，拧旋折叠，自然和顺。

峨眉法象拳是取形练击，法寓形中，形神兼备，法象一统的象形拳术。这类拳术的共同特点是：动作生动奇巧，形态惟妙惟肖，拳艺妙趣横生，劲发柔快，风格殊异。

63

青龙拳 >

青龙拳为象形拳上层功夫,以螺旋上升,螺旋下降,盘旋起伏,穿云拨雾之势为特点,其动作柔而大方,手法有缠、裹、搂、砍、抱、拧、转、抄等;腿法有合、弹、旋风脚、摆、扫、飞脚等;其步形有龙形步、独立步、马步、弓步、插步、扣步、跨步等,练此拳有强身健体,防身自卫,延年益寿之功能。练习时要动作流畅,节奏分明,眼到手到,对增强身体的柔韧性、灵活性起到很好的锻炼作用。

相传清代道光年间,青城山纯阳洞单正道人,一日云游至梓州城,见一青年,因为人鸣不平,与数恶奴相斗,青年人身手敏捷、拳技平庸,虽勇敢狠斗,但终因两拳难抵四手,而被打倒在地。单正道人善心大发,挺身相救,只见他趋步向前,身摇步晃,两掌如龙爪,左右盘旋,偏进斜退,闪电般地穿梭于众恶奴之间,行之身体上浮下沉,吞吐自然,步无虚迈拳无虚发,巧捷奇妙,神态飘然,转

瞬间，早把恶奴们打翻在地，求饶不迭。青年人目睹道人之功力，知其技高超，翻身从地上爬起来，跪拜在道人面前，口中说道："多谢师父救命之恩，受弟子一拜。"青年人一跪下就不起来，道人知其赤诚，遂将他带回青城山，每天除打柴、挑水、作饭外，主要是练功。练功时，燃点一炷香，叫青年人沿着纯阳洞到上清宫一公里多长的蜿蜒险峻的羊肠山道，不停地跑上三个来回，若一炷香已燃烧全而又没有完成练功要求，则为饿一天，青年人初练时，经常挨饿，后来，经过长斯磨练，逐渐掌握了攀山越岭的本领，练就出穿山飞奔的硬功夫。单正道人见青年人走功大进，于是又加大练功难度，叫青年每日背上一个六七十斤重的大香炉，按原来规定的时间和路线练习。春去夏至，秋残冬临，又是两年，青年人腾功大进，于是道人才将护山防身秘术——青龙拳传与青年。自得青龙拳后，青年人更加勤奋，昼练功，夜练拳，功艺结合，拳术日精。转眼三年又过去了，一天单正道人把青年叫到跟前，对他说："冯清（青年人的姓名），你跟我已有

WU LIN ZHENG ZHUAN

6年多了，看起你道行难修，却武功大长，这里并非你的归宿，去江湖上闯一闯吧！我明天将赴渝州。这里有把青龙剑，送你作纪念吧！"冯清一闻此言，知难强留，只得洒泪向道人拜了4拜，接过青龙剑，练拳练剑去了。待练完功回洞中，不见师父身影，知已启程，无奈何，只得随即佩剑下山。

上述传闻，是否真有其事，无关大局。青龙拳确实存在，至今仍流行于成都、广汉、绵阳、三台、乐至县一带。

青龙拳取龙之灵而练精化气，练气化神，神聚而形似，动如山崩，静如伏兔，步急快稳，绕转穿行，具似游龙，时吞时吐，时浮时沉，时大时小，时长时短，变幻莫测。动合阴阳之理，静含伏击之机，随身出手，身到步攒，招式相辅，圆活巧妙，拳艺奇特，击法玄异，功夫别致。

少林猴拳

66

猴拳 〉

猴拳，中国拳术中象形拳之一。因模仿猴子的各种动作而得名。据记载，中国早在西汉时就有了猴舞和猴拳。猴拳在发展过程中形成了不同的流派和技术风格，但基本要领是共同的，近代猴拳多以套路的形式出现，其动作内容既要模仿猴子机灵、敏捷的形象，又要符合武术的技击特点，具有形、法统一的猴拳动作。有的套路还编进一些跌、扑、滚、翻动作，做到神似，表现猴子的精神。

西汉长信少府檀长清曾在一个盛大宴会上表演猕猴舞。长沙马王堆3号汉墓出土的西汉帛画《导引图》上有"沐猴灌"的名目和图像，描绘的正是猴子的动作。明代戚继光著的《纪效新书·拳经捷要》也有猴拳的记载。金铁庵在《醉八仙谱》中指出："拳法之盛行南方者，以七红、八黑、大小天罡、猴拳最为普遍。"峨眉山风景奇秀，其中峨眉灵猴更是拳家的仿生对象。峨眉猴拳遍及全川，拳路较多。

清朝末年（1644-1911），北方有个拳手脾气暴躁，他因杀死一个恶毒的村民而被抓。当时，杀人罪的判决结果不是死刑就是终身监禁。拳手的好朋友有些势力，他为了使拳击手的监禁期缩短为8

猴戏

年贿赂了当时的主审法官。对这个拳手来说，这简直就是因祸得福。因为连他自己都不知道，后来的几年里他将会发明一种独特的功夫体制。

拳手被关押的监狱位于小镇郊外的一个森林。命运很神奇的，他的窗户刚好正对着许多大树，那上面经常有猴子蹦来跳去嬉戏玩耍。他对于猴子稀奇滑稽的动作感到很惊奇，于是每天专注的观察这些动物。他仔细地研究了猴子在各种情况下的动作，数年后，他已经能够很快地区别各个猴子的不同特征。

对猴子的打斗技巧、灵活度、脚上动作进行分类研究后，他发现这些动作与他从小练习的武术拳法有相通之处。于是他决定把猴子的动作与他所练习的拳术结合起来。监禁的结束标志着猴拳的发展已经到了一个转折点。拳手出于对中国古典小说《西游记》中孙悟空的喜爱，将这套独特的拳法以孙悟空这个角色命名。

猴拳在发展过程中形成了不同的流派和技术风格，但基本要领是共同的，即在眼、身、手、步等方面要做到22个字：刚、柔、轻、灵、绵、巧、躲、闪、神、束、抓、甩、采、切、刁、拿、扣、顶、缠、蹬、踹、弹。前10个字指的是整个动作的神态，中间8个字指的是上肢手法，后4个字是腿法。

在悉心研究猴子的动作之后，拳手已经可以应对所有猴子的反击，因此他根据不同的特点将猴拳分为以下5种形式：长拳、木拳、迷踪拳、硬猴拳、醉拳。

虎鹤双形拳 >

虎鹤双形拳相传为林世荣综合洪家拳和佛家拳改编而成，故有"洪头佛尾"之称。由于套路中既取虎的"劲"（如虎之猛）和"形"（如虎爪），又取鹤的"象"（如鹤嘴啄食）和"意"（如鹤的灵秀飘逸），所以叫虎鹤双形拳。

虎鹤双形拳是南派少林拳术中的一种精湛拳艺，广泛流行于广东、广西一带，该拳特点在回单马基础上模仿动物形态，动作紧凑，劲力刚健，落地生根，发声劲力，威武雄壮，充满气势。

虎鹤双形拳攻防灵活，防守于进攻之间，深受习武爱好者的青睐。虎鹤双形拳是满腔拳"后五虎"体系中的代表作，因其长短桥结合，手法众多，而被视为"拳种"，习洪拳者大多曾练此套路。此套路既有短桥手的精密善变，亦有长桥手的大开大合、大砍大劈。此套路由洪拳名家黄麒英初创，后由其入室弟子林世荣整理成型，在广东珠三角地区及海外华人习武者中流传甚广。

69

WU LIN ZHENG ZHUAN

鹰爪拳 〉

鹰爪派功夫也称岳家散手,它是模仿鹰捕猎动物之势演变改革而成的一种拳术。属于北少林拳中的一种,自早年陈子正在上海执教于精武会后,他的门徒学艺师成后,纷纷南下,因此鹰爪拳就传到了南方。直到现在,后人不仅继承了下来,而且有了新的发展。

鹰爪拳是吸收鹰的形、意和击法发展而成的一种拳术,属象形拳。又有鹰爪翻子拳。

鹰爪行拳和鹰爪连拳之称。此拳以模仿鹰爪抓扣和鹰翼翻旋的动作为主。其特点是:爪法丰富、抓扣掐拿、上下翻转、连环快速,仿形造拳、形神兼备。要求出手崩打,回手抓拿,分筋错骨,点穴闭气,翻转灵活,神形似鹰。整个套路动则刚暴凶狠,快速密集;静则机智稳健,似鹰待兔,加之"雄鹰展翅""雄鹰捕食"等象形动作的配合,给人以机智、果断、勇猛、优美之感。

鹰爪拳

硬螳螂拳 >

螳螂拳是中国著名的传统武术流派，象形拳的一种。它是山东四大名拳之一，硬螳螂拳的形成发展，是凝聚了明末清初众多武术流派之长而成，仅依拳谱所载就有"十八家拳祖姓名"之说，可以说硬螳螂拳是中国古代武术文化的载体。

螳螂拳又可分北派螳螂与南派螳螂。北派螳螂拳传于山东省胶东一带，南派螳螂又名周家螳螂拳，据传是清代广东人周亚南创始的，与南拳各派相似。螳螂拳形成了六合螳螂拳（又名"马猴螳螂拳"）、七星螳螂拳、梅花螳螂拳（又名"太极螳螂拳"）、通臂螳螂拳、摔手螳螂拳、光板螳螂拳、八步螳螂拳等流派。

金钟罩 〉

金钟罩，顾名思义即是"有一金铸之钟覆罩全身"，强调其外力难以进入攻击。少林四大神功之一，为达摩禅师所创，共有12关，练成后刀剑难损。金钟罩与铁布衫是中华武术基本功里的外功，另外洗髓功与太极导引术等则为基本功里的内功。金钟罩为硬功外壮，属阳刚之劲，兼内壮之劲，为七十二艺硬功中最要之功夫，其练法稍繁难。

这种功夫是否真的可以达到刀枪不入？从历史上遗留下来的一些专门对付金钟罩铁布衫的武器来看，普通的刀剑确实有力所不及之处，各种破解金钟罩铁布衫的武器几乎无一例外地使用金刚石作为尖端，如嵩山少林寺流传下来的

"子午钉"（呈丁字形，有三个尖头，每个尖头上镶嵌尖锐的金刚石为锋）。在金钟罩内功练成之后，便开始练习铁布衫，将内气散布到身体表面，配合击打砍扎等排打功夫使人体表面产生排坚抗锐等超常能力。

金钟罩相传为宋代圈内第一高手周侗所创，其特点为上劲后周身如同被一口大铜钟掩盖且密封不漏，即人的全身宛如披上一件用金器包裹的衣裤而得名。金钟罩的正式定性，是在明代宣德年间即由中国道教名山武当山真庆宫的道长邓坤伦结合祖传武术并糅进周侗亲笔绘制古秘笈所命名而成。

金钟罩气功系南少林上乘之功，历史上武术气功名家如欧阳德、甘凤池及近代大侠霍元甲等均练此功。本功功法动静结合，练时使内气储于中丹田上腹周围，久练全身经脉流通无滞，新陈代谢旺盛，正气充沛，精神饱满，消除疾病，推迟衰老。

一指禅 >

一指禅是南少林的护寺神功，传至海瞪（阙阿水），南少林毁于战火，后海瞪在上海传王瑞亭等弟子，由王瑞亭发扬光大，推广到全国各地，使一指禅闻名于世。

一指禅功法历经数百年十几个朝代的提炼、充实，成为武林界推崇的上乘功法。它不同于一般的少林动功，也不同于一般的禅林静功，而是一种包括动功、静功、"竞技""技击"等功法的独特门户。

"内劲一指禅"的"内劲"，是人体活动的能量，是蕴藏在人体内的潜力，是生命活动的物质基础。"禅"，是梵语，即安定、止息杂虑的意思。"一指"，是指在练功过程中，必须再加上一个特殊的、关键性的训练方法，即十个手指和十个脚趾有系统、有规律地扳动和按动的锻炼。

点穴功 ＞

点穴功是武术中的稀传秘技或医学中的疗疾治病手段。人体有多条经络，其作用为运行气血，沟通内外联系，是全身的调节系统。经络上的穴位是人体生命活动中的关键之点。武术点穴功夫的理论，就是建立在上述传统中医理论上。点穴理论认为，对于人体一些重要穴位用力击打，造成一定的损伤，可以产生令人劲力丧失、呼吸困难等作用，再施以妙法，则又可恢复正常。这些主要穴位一般合称三十六要穴，分别为哑穴、死穴、瘫穴、晕穴、狂动穴等。点穴方法亦有多样，用手直接点击，以器械击打，甚至凌空遥点；点穴还有变时取穴，即根据时间变化在一定时辰内点击相应的穴位，往往可以收到奇效。

根据中医学的理论，医学将点穴作为治病的手段。医学点穴治疗手段亦有多种，如按点法、掐点法、推点法、分点法、拧拨法、捻转法、点揉法等，应用了虚实、补泻、疏通等原理。

武术点穴功夫，各派武术典籍中均有记载，亦有种种神奇传说，但其实证事例却时隐时现，难以确实，成为武术中的一大难解之谜。

点穴古谱

74

水面舊毡帽燒灰封藥□□可眼□一服甘

餅原再服此奎後見可併药再貼一服甘

三服即愈左右太陽不可打恐有失手不

進即死無端可医左右耳挂住手不

趄竹笐傷左右肩尖用趄角打進笐

何芎傷上五笐用五當手當掛進笐

芍傷中五笐用趄斬雄肋灣芍傷

兊庫下五药为目□火刀出当□

国外 "武术"

卡波耶拉 〉

　　卡波耶拉, 也叫卡迫威啦, 香港称为巴西战舞, 是一种16世纪时由巴西的非裔移民所发展出, 介于艺术与武术之间的独特舞蹈。虽然已经存在数百年, 但一直到上世纪30年代以后卡波耶拉舞才正式地被允许在民间习授流传, 由于这种舞蹈起源于非洲却又融入了相当程度巴西本土原住民的文化特性, 因此被认为是巴西最重要的本土文化象征与国技之一。

- 由来

　　由于最早是以口述历史的方式代代相传，"Capoeira"这个名称的由来与舞蹈的起源，早已在时间的洪流之中遗失了。关于其命名的解释众说纷纭：一些巴西的学者认为它源自巴西当地原住民图皮人（Tupi）的语言中，农人要进行火耕时将森林用焚烧或砍伐的方式所辟出的林间空地，这可能与奴隶在逃亡时，在森林中的临时聚居地有关；在葡萄牙文中，这个字意指大型的鸡窝或其他鸟类居巢，可能是用来暗喻进行奴隶买卖时，用来囚禁货物的设施；著名的刚果学者奇亚·布恩赛奇·伏奇奥博士则认为"Capoeira"一词其实源自奇刚果语中的"Kipura/Kipula"这

个字，意指拍翅、跳跃、挣扎、鞭笞——这些全都是两只公鸡在相斗时所做的攻击与回避动作，因此他认为这个字应该是泛指所有以斗鸡的技巧为基础所衍生出的打斗方式，非常符合卡波耶拉舞这种兼具舞蹈与武术用途的表演动作，因此也有人将"Capoeira"译为"巴西战舞"，或因为其技击型态多以腿部攻击为主，而称之为"巴西腿法"。

　　在16世纪时，葡萄牙人自西非地区大量引进了黑人奴隶到南美洲，而被运往巴西的人数就占了移入人口约42%的比重。在这些被送到巴西的人口之中，来自安哥拉、刚果与莫桑比克等地的班图族占

了很重要的比例。这些非洲来的新移民将他们在家乡的宗教信仰与文化传统带到新世界，但由于拥有他们的葡萄牙主人蓄意地压制，许多活动是无法公开举行。有说法认为卡波耶拉是在这种环境下生成——奴隶们表面上是进行这种舞蹈作为信仰仪式，但暗地里利用它来练习武艺，以求有朝一日能用来对抗奴役他们的主人。有说法认为卡波耶拉是源自这些非洲黑人们在短暂逃离他们的葡萄牙奴役者之控制时（1624年至1630年间，荷兰入侵巴西，造成许多巴西的农场或甘蔗园停摆，大量奴隶逃入邻近森林地区），在森林的藏匿处中以部落般的形态聚居，并且开始练习发展一种可以抵御葡萄牙人进攻的徒手武术。

- 发展

- 政府禁止

　　1888年巴西的奴隶制度废除以后，许多被解放的奴隶恢复自由身份并涌入巴西的主要大城市，但因为找不到适当的工作而加入了帮派组织。在这些组织中他们继续练习卡波耶拉舞，但转为犯罪或反政府活动的用途，因而成为令当局非常头痛的问题。这样的情况导致新成立的巴西共和国当局在1892年时制定的新宪法中，加入了禁止卡波耶拉这种活动的规定，违犯者会被处以非常严重的刑罚。

• 地下化

然而，政府的禁令并没有令卡波耶拉消失，只是转为地下而已，这样的背景因素也造成了另一项卡波耶拉活动的传统——为了避免警察与官方的追缉，卡波耶拉的参与者在活动时通常不透露自己的真名，而是改用"昵称"互相称呼。这样的传统一直到今日都还继续延续着，当卡波耶拉舞者通过受洗仪式正式入门时，他们会得到属于自己的专用昵称。

• 政府恢复

巴西政府对卡波耶拉舞的禁令一直延续到20世纪30年代才结束，而带领卡波耶拉运动重见天日的，是备受推崇的卡波耶拉宗师宾巴师傅。1942年时，另一位著名的卡波耶拉宗师巴斯奇亚师父在巴伊亚开创了第一所安哥拉卡波耶拉学校——安哥拉卡波耶拉运动中心。

• 流派

卡波耶拉的发展已有数百年历史，因此发展出许多风格与重点互异的流派，是理所当然的现象。虽然，如此的划分并不见得能完全解释各派表演方式的异同，也存在有许多风格比较不明确的混种表演方式，但一般来说，现代的卡波耶拉大致可以分为下列几大流派：

- 安哥拉卡波耶拉

安哥拉卡波耶拉的命名来源不是很明确，但一般认为，此名称应该来自于当初被运送至巴西的非洲人里面，为数不少的安哥拉班图族人。安哥拉卡波耶拉通常被认为是一种较正统的卡波耶拉，通常会使用比较慢，比较低姿态、隐动微妙的动作，以比较近距离的方式让两名舞者互动。安哥拉卡波耶拉比较注重卡波耶拉舞的宗教性，与正统舞步的传承。不过，虽然传统的慢速舞步在此流派比较常见，但也存在有使用节拍快速的音乐、非常有律动感的安哥拉风格跳法，差异性比较大。

- 耶吉欧纳卡波耶拉

耶吉欧纳卡波耶拉或"区域性"卡波耶拉是一种比较新式、比较武术取向，由宾巴师傅开始倡导的改良式卡波耶拉舞。宾巴师傅利用这样的改良将卡波耶拉变成一种比较能广为一般民众所能接受、具有主流风格的运动方式，也希望能通过这方式尽量减少地下帮派时代卡波耶拉给人的坏印象。虽然耶吉欧纳卡波耶拉偶尔也可以像安哥拉流派那般，搭配比较慢的音乐来表演，但一般来说此流派还是以非常快、较

具有韵律感的方式来进行。不过可能让大部分的人感到意外的是，耶吉欧纳卡波耶拉并不像想象中那般，有很多花俏的表演性动作，相反的，它的本质其实是一种战斗用武术。另外一个可以看得出耶吉欧纳卡波耶拉之武术取向的特色，在于此流派拥有类似其他武术（如跆拳道、空手道）在使用的升级系统。

81

• 当代卡波耶拉

　　当代卡波耶拉并不真的是一种流派，而是泛指一些同时融合安哥拉与耶吉欧纳风格，甚至混入其他当代舞蹈与音乐元素的混种卡波耶拉舞，通常不同的团体拥有自己不同的诠释方式，有些非常新进的团体，甚至将卡波耶拉转变为一种注重花式技巧的运动风格，而非传统的文化表达活动。一些现代流行舞蹈，例如霹雳舞，就被认为可能是源自或至少融合了部分卡波耶拉舞的概念，逐渐转变而成。卡波耶拉是由巴西的非洲奴隶在 400 年前所发展出来的一种武术，到了 20 世纪 70 年代才开始在国际间广为流传。

巴西柔术 ＞

　　巴西柔术起初是一种扭斗的武术,它的技术和策略都基于对地面打斗的深入研究。巴西柔术源于日本柔术,柔术练习者,擅长将对手拖向地面,然后在地面上获得控制的姿势。一旦形成控制姿势,柔术练习者可以使用关节技、绞技或击打技术等多种攻击手段将对手制服。在1993年第一次终极格斗大赛上,霍易斯·格雷西获得冠军,巴西柔术开始引起世人的关注。

83

• 历史

巴西柔术源于日本柔术，柔术拥有大量格斗技术，包括打、投、关节技及绞杀技。"Jujutsu"柔术的意思为"柔的法则"，它适用于所有日本武术体系，"柔"即利用灵活性。柔术的特点在于充分利用杠杆，而非与对手抗力、比力。柔术练习者会选择使用技术，让对手屈服或耗尽其体力，最终将其制服。然而，在古时柔术被视为次要的格斗术。因为多数武士首先使用刀剑，并将刀剑术视为最重要的武术。因此，日本柔术形成多种打斗体系，各自体现一部分最原始的技术及策略。柔道，侧重于摔；

而空手道则重视踢、打。

在江户时期（1603–1867），随着日本内战的结束，柔术开始流行起来。经过几百年的战争，武士们已精通武术，在战争中使技艺更精湛。劳动阶层出现了，柔术成为日常的必需品，许多技术开始适用于日常生活中出现的情况，曾在战场上使用的自卫术开始在赌馆、市场、茶楼中使用。19世纪，柔术已成为成形的徒手格斗术，用来对付持械或徒手的对手，有些侧重于地面扭斗，有些则重视踢打。19世纪以来，日本共有700多种柔术门派。

战争对柔术发展起了很大影响，将打斗术变成武艺，并带来技术的革新。由于缺少实战机会，很多柔术派别逐渐失去了实用性。没有了战争，武士阶层及战斗性武术也不再需要，剩下的仅仅是日常生活中的自卫术。很多柔术学校开始推行现实的训练方法，而其他柔术学校只有关门了。在明治复兴后（1868–1912），战斗性质的柔术在日本几乎销声匿迹，令人感到幸运的是，有几位德高望重的大师将柔术从失传的边缘拯救出来。

• 现代巴西柔术

格雷西格斗体系最伟大的创新，在于它发展出最接近真实打斗的策略，即将打斗在地面上进行。格雷西们积累了大量的资料，其策略在真实打斗中得以验证。他们发现，多数打斗最后在地面结束。特别是在对付肌肉比你发达、体重超出你很多的对手时，格雷西发现如果你将对手拉到地上，他的武器——击打和踢击会被极大的削弱。这种先进的打斗策略让巴西柔术的斗士在众多无限制格斗赛中取得胜利，使其格斗系统被世界接受。格雷西们试图找到应对所有武术的解决方案：如何开创一种格斗体系，对任何对手都有效，让所有的训练者获得相同的效果。

由于柔术为他们的职业，格雷西们花费大量的时间学习，训练几代人对技术进行修正，上一代人将打斗的知识传给下一代。所有格雷西家的人都身材弱小，缺乏力量，通常这被视为不利因素，但它迫使格雷西将技术发展到极致，让自己很依赖

技术优势，而不是力量获取胜利。

由于格雷西柔术是由格雷西们共同发展的，家族成员拥有很大的自由空间。他们不必向导师或爷爷请教。如果一种技术在真打实斗中不实用，它就会被修改，甚至放弃。实用性为格雷西柔术的核心。每种技术都在真实打斗中得以验证。

任何道德上、社会上、意识形态上的观念都不会左右格雷西的研究方向。他们坚信在真实打斗中"实用是检验武术的唯一标准"。

经历过一生的战斗，艾里奥·格雷西依旧在巴西教授柔术。尽管已年近 90 岁，他依旧把传播柔术当成自己的生活方式。

• 风格特点

巴西柔术没有固步自封的陋习，没有模式化的对练套路，练习它更需要创新思维，因为所有的技术和整个身体在对抗时就像一盘棋。它讲究力，但不过分强调爆发的蛮力，每次用力都有明确的发力点、支点、着力点，可控性很强，以弱胜强。

泰拳 〉

泰拳，即泰国拳术，杀伤力大。泰拳是一门传奇的格斗技艺，是一项以力量与敏捷著称的运动。主要运用人体的拳、腿、膝、肘四肢八体 8 种武器进行攻击，出拳发腿、使膝用肘发力流畅顺达，力量展现极为充沛，攻击力猛锐。现在人们口中所说的泰拳一般指现代泰拳，而并非指古代泰拳。

86

传说，在古代泰国，泰国和缅甸发生战争，泰国战败，国王被俘；缅甸王听说泰国国王是搏击高手，就此派缅甸拳师与他比赛，并许诺如果缅甸高手战败，就释放泰国国王。果然，泰国国王完胜，缅甸王也只好把泰王释放回国。之后，泰国国王把自己多年的搏击经验编成一种拳法，传授给将士，这套拳法则正是泰拳。

在武学里有文练武练横练，泰拳属横练，具有很强的杀伤力。而近年由于瘦身热潮，有人利用泰拳的高热量消耗来代替有氧舞步，在帮助女士瘦身之余，亦使她们习得一技之长，以作个人防卫用途。

有人说泰拳不外传是泰国的民族拳术，没有什么奥秘可言，但是现代泰拳已经成为"源于泰国，属于世界"的一项体育运动。任何武术所以扬名世界，必有其独特性质及个别价值。泰拳闻名于世，有辉煌灿烂的历史，其珍贵之处，绝非三言两语可以尽其精华。

> ### 泰拳的等级段位

泰拳的等级和段位：通常大家只知道空手道、跆拳道、柔道等有日、韩系的武术才分段位，而实际上泰拳也是有等级和段位的，和空手道、跆拳道靠腰带辨认不同，泰拳是靠臂箍和头箍。

臂箍泰语叫八戒。其最早的记录应该是出现在卡拉比（KARPE）战士身上，卡拉比是泰国一种双刀武术，泰拳与双刀是泰国古老的一个体系的战时格斗体系。最早的作用是，在其里面放上泰国高僧开光的符咒已保佑出征的战士。在泰拳体系里面，完整的战士需要佩带的吉祥物应该包括4样，第一，蒙空，戴在头上，最早形式是用蛇皮加琥珀做成，里面下邪咒。第二，裹金，一种用小的金箔把写有符咒的布做成腰带，绑在腰部以固定裤子。第三，八戒，绑在上手臂。第四，红色的写有古泰文和小乘佛教密文的外衣，无袖是最大特征。至于段位，根据泰国泰拳皇家学院的说法，以他们的段位为基础，各拳馆可以自己定义段位，但其段位证书需要向学院申报。

古典式摔跤 〉

　　古典式摔跤起源于希腊,古希腊人非常崇尚摔跤运动。相传,神话中的英雄捷谢伊——雅典民主奠基人,从雅典女神那里学来了摔跤规则,从而发展了摔跤运动。

● 起源

公元前 2 世纪末，罗马帝国出兵侵略希腊。占领者在征服希腊之后，将自己国家原有的摔跤和希腊式摔跤相结合，并在此基础上发展与创新，产生了希腊罗马式摔跤。因为希腊罗马式摔跤出现于希腊奴隶制繁荣阶段，该时期在历史上被称为希腊古典时期，所以，这种摔跤最初被称为古典式摔跤。这项运动在希腊的不断发展和在欧洲其他国家的推广，对古典式摔跤的形成起到了积极的作用。

18 世纪 90 年代，法国一些喜爱这项运动的人自动组织职业班子，到许多地方巡回表演。后来逐步演变成为一种比赛，使古典式摔跤逐渐发展起来。在古典式摔跤兴起的年代，欧洲又出现了另一种摔跤——自由式摔跤。这种摔跤与古典式摔跤基本相同，差异之处在于选手可以用手臂抱对手的下肢，还可以用腿绊，其技术运用比古典式更为丰富。19 世纪，英国人制定了较为明确的自由式摔跤规则，所以自由式摔跤最后定型于英国。

古典式摔跤又称古典式角力。18 世纪末 19 世纪初法国盛行摔跤。后国际奥委会认为法国摔跤就是古希腊和古罗马时期的摔跤，故将法国摔跤命名为希腊罗马式摔跤。比赛时不许抓衣服、不准用手和腿进攻对方的下肢，只许用手臂抱头、颈、躯干和上肢。将对方摔倒后使其双肩触及垫子者为胜，如在规定的时间内未出现这种情况，则按两个回合中得分的多少判定名次。

> 自由式摔跤与古典式摔跤的区别

　　自由式摔跤和古典式摔跤都被称为国际式摔跤。古典式和自由式最大的区别在于自由式可以采取腰部以下的动作,可以使用腿,也就是人们通常所说的"随便摔"(即:在自由式摔跤比赛中,运动员可以用腿攻击对手,攻击目标可以是对方腰以上或以下的部分)。而古典式摔跤则要求运动员只许用手臂和上身攻击或搂抱对方身体的上半部分。

桑搏 >

桑搏一语来自俄语，意思就是"不带武器的防身术"——徒手防身术。桑搏被称为"徒手格斗"技术，现在分为3个流派：桑搏运动（一种国际性的摔跤运动）、桑搏格斗术（桑搏自卫术）、极限桑搏术（在最危险情况下使用的桑搏）。

桑搏虽然作为俄国重要的传统武术组成体系之一，但是一直到苏联时期，体系才正式形成，并在1938年正式成为苏联官方认可的全国性运动项目。桑搏的创立者并没有被广泛认同为一个人，一般意义上说Anatoly Kharlampiev被认为是创立体育桑搏摔跤与将其引入体育的第一人。桑搏历史上另外两位伟大的人物是瓦西里·奥谢普科夫（因为拒绝否认柔道师承而死于1937年政治大清洗）与维克托·斯皮里多诺夫（在一战受伤后将桑搏发展为一种类似于合气道的软武术，也就是现代格鲁乌、克格勃，以及柔化体系武术的前身）桑搏现在正越来越多地综合其他外来的技术，向一门综合武术体系的方向发展。

桑搏曾作为苏联的国技在其15个加盟共和国内广为发展和传播，特别是斯大林时代，桑搏作为一种团结各民族的体育运动，在苏联的各个共和国内进行。

1939年苏联举行了第一届全国桑搏大赛，国际上，1973年在伊朗首都德黑兰举办了第一届世界桑搏锦标赛，1980年桑搏在莫斯科奥运会上曾向全世界展示。现在桑搏的世锦赛、世界杯赛、欧洲公开赛等等各种各样的国际比赛也很多。 现在已经有40多个成员国。在俄罗斯和苏联的加盟共和国中，桑搏仍然是国家安全部队必须接受的训练科目，也是人们喜欢的一项体育活动。

现代桑搏已经越来越多地融合了其他外来技术，进而向综合格斗体系的全方位发展，从技术角度来说，桑搏也朝着综合格斗的方向一直发展，现在俄罗斯的军队依然保留着军事桑搏。

空手道 〉

　　空手道亦称空手，是发源于琉球王国（今琉球群岛），由多种武术构成的系统。其前身是古代琉球武术"手"，融合了传入的中国武术后，被琉球人尊称为"唐手"，大正年间传入日本，受日本武术影响，成为"空手道"。二战之后在全世界广泛传播。空手道中包含踢、打、摔、拿、投、锁、绞、逆技、点穴等多种技术，一些流派中还练习武器术。

忍术 >

忍术,又名隐术,即隐身术,为日本古代武道中一颗隐秘武技的明珠。忍术同空手道、柔道、剑道等日本武技一样,最初起源于中国。忍术最初源于《孙子兵法》,是一种伏击战术,后经南北朝的演变完善,形成今天的样子。忍者家族世代秘传,外界很难知其详貌。

忍术在日本是一种用来进行间谍活动的技术。忍术包括了战斗、制造混乱和收集情报。忍术的训练包括伪装、逃跑、隐藏、格斗、地理、医学和爆破。忍术受中国武术和孙子兵法的影响,其发源地为伊贺地区。根据考察,当时有一位自中国而来的僧人,至该地旅行,询问当地武士是否愿意学习一种融合了身心的武术,而这就成了忍术的起源。忍术不同于日本神道中的忍法,忍术一般为军事而使用。

从古至今，忍术和忍者都被笼罩在传奇与神秘色彩之中，虽然在传说与文艺作品中忍者被描述成具有神秘力量的隐形战士，但事实上，真实的忍者是古代日本军事活动中最低等的下级士卒，多数忍者出生卑微，来自社会底层，无法享有一般武士的社会、政治地位和待遇，是终生为了主君的政治、军事利益而隐蔽活动在不为人知的角落的秘密战斗工具。

古代忍者的主要军事任务是负责搜集情报及暗杀敌方首脑主将等，因而忍术的内容构成也比较复杂，除了一般各种徒手、器械的古流武术实战技法外，还包括情侦谍报、潜伏暗杀、易容改装、火器药功、越野泅渡、攀腾纵跃（类似中国传统武术中轻功、夜行术的技巧）等一切与之目的相关的体能、技能训练。江户时代由于江户著名剑术兵法世家柳生家族出任德川幕府的将军家兵法指导（武术师范），并身兼当时天下忍军的总头目，负责暗中指挥所有忍者的行动，所以近世忍者所习的武术技艺大都是以柳生新阴流一系及与之相关的古流武术为主。又因为忍者多是秘密活动，平常大多数时候不可能如普通武士一样冠冕堂皇地带

刀行动，所以忍者除了必须掌握一般的剑术、柔术等武术技艺之外，也经常配备各种短兵器（如小太刀、短刀、十手、棒杖、铁甲手钩等）和暗器（如手里剑、小型弓弩等）以作护身之用。另外，忍者为了完成诸如长途奔袭、秘密潜入或潜伏暗杀等特殊任务，还装备有各种独特的相关道具与器械，如渡水过河时以充气皮囊当作简易舟具的水蜘蛛、攀越城池墙垣

的长索绳梯以及必要的药物火器等。忍者通过特殊训练掌握"忍术"成为特战杀手、特战间谍。甲贺忍者结合中国历代武学精华写成了集忍道、忍术、忍器于一体的忍者修行方法，忍者修行除了体力还结合了佛教密宗、阴阳学、咒语、药物学等，例如：古代忍者佩戴流镝配合"四灵物、修罗、明神鸟居"3个结押产生冥想术

把人引导到解脱的境界制服心灵（心思意念），并超脱物质欲念。感受到和原始动因直接沟通。是把心、意、灵完全专注在原始之初之中，从而达到感知未来、避免凶煞的方法。

随着科学技术的进步，忍术逐渐失传。

自由搏击 〉

　　自由搏击，又称国际自由搏击、欧美全接触自由空手道等，它不拘泥于任何固定的套路招式，而是提倡在实战中根据战况自由发挥，灵活施展拳、脚、肘、膝和摔跌等各种立体技术，长短兼备，全面施展，以最终击倒或战胜对手为目的。"告诉我基本原理，我将得出适合我自身的独特的技法。"这就是自由搏击拳学理念的最佳概括表达。在此思想指导下，经过数十年的实践和取长补短，自由搏击已然形成完美的理论和技战术体系以及竞赛规则办法。其实"自由搏击"可以用拳法和腿法等技法。

　　在国际武坛百舸争流的情况下，自由搏击以其鲜明的特色和实战功能，在国际武坛上占据了重要的一席。自由搏击技术是简捷的，但也是实效的，它的技术体系在不断地充实和完善，只要是在踢、打、摔、拿的范围中，经实践证明可行就被采用。

97

● 与名人过招

霍元甲 ＞

霍元甲，清末著名爱国武术家，他的武艺出众，又执仗正义，继承家传"迷踪拳"绝技，先后在天津和上海威震西洋大力士，是一位家喻户晓的民族英雄，他的一生虽然短暂，轰轰烈烈，充满传奇色彩。有多部影视作品描述他的事迹。

霍元甲（1868年1月18日—1910年9月14日），字俊卿，祖籍河北省东光安乐屯（属沧州地区），汉族。世居天津静海小南河村（今属天津市西青区南河镇，为纪念霍元甲这位名震中外的爱国武术家，经天津市民政局审核并报天津市人民政

霍元甲

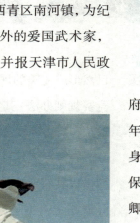

府批准，其故乡天津西青南河镇自2009年1月18日起更名为精武镇）。霍元甲出身镖师家庭。排行第二。父亲霍恩第以保镖为业，武艺高强，生有3个儿子：霍元卿、霍元甲、霍元栋。

1890年秋天，霍元甲打败了一个找上门来比武的武师，有了"武艺高强"的名声。之后，由于行侠仗义，霍元甲逐渐在天津一带有了名气。霍元甲在脚行（搬

运工自发的组织）做过管事，后来又到天津城北门外怀庆药店打工。在药店干活期间，他能挑动千斤药材，力推两个大青石碌碡，人们送给他一个绰号："霍大力士"。

1901年，有个叫斯其凡洛夫的俄国大力士来到天津戏园表演，他声称："打遍中国无敌手，让东亚病夫们见识见识，开开眼界。"霍元甲找上农劲荪，到戏园和斯氏比武。当斯其凡洛夫私下了解到霍元甲武功高强时，决定妥协。到约定比武那天，斯其凡洛夫临阵求饶，说："我只是来天津表演的，我说的那些话不算

数。"霍元甲让他登报认错，斯氏只好应允，随后很快离开了天津。

1909年，英国大力士奥彼音（实为在一个英国马戏团工作，并不是大力士）在上海摆下擂台，讥讽中国人是"东亚病夫"，上海民众十分不满，但又无人敢应战。农劲荪从报上得知此消息，遂向上海知名人士、同盟会员、革命党人陈其美推荐了霍元甲。霍元甲一到上海，上海各大报纸用大号字体刊登消息。霍元甲挑战奥彼音，奥和霍约定比武中不得使用指戳、足钩等中国武术技法，并约期在张园公开比赛。但到了比赛时间，却不见他的

踪影，原来奥彼音已逃之夭夭。

　　张园擂台比武虽没打成，但在上海掀起了习武热潮，各大学校蜂拥而至，邀请霍元甲及其弟子去讲习武术。这一时期，有一人对霍元甲影响很大，促成了霍元甲从讲求传统武德向武术救国转变。这个人，就是霍元甲青年时代的知己农劲荪。

　　霍元甲是在脚行干活时认识农劲荪的。当时的农劲荪是孙中山手下的革命者，在天津开办怀庆药栈，以采药为由掩护革命。农劲荪早年留学日本，通外语，有学问，也爱好武术。孙中山希望他结交一些武术名家，为推翻满清统治做准备，而霍元甲又渴望学知识，两人一见如故，成了莫逆之交。

　　1910年6月1日，霍元甲在农劲荪等人帮助下，在上海创办了"中国精武体操会"（后改名精武体育会）。在寻求救国的道路上，霍元甲迈出了很不容易的两步：第一是打破家规，开始收外姓人为徒。霍家七代家传绝技迷踪拳，向来是

不传给外姓人的，为救国，霍元甲破了家规。第二是把迷踪拳改为迷踪艺，让花哨的套路变得更实用，以便让人们能够尽快掌握要领，学会防身。

迷踪艺以霍家绝技为基础，又囊括了各派之精华。此拳不难学，但是极难练，柔中有刚，迈步如猫，急如闪电。与人交手时，往往对方还没有看清门道就被击倒，令对手眼花缭乱，迷失踪迹，因此得名。孙中山先生对霍元甲将迷踪拳公之于世的高风亮节非常赞许，亲笔写

下了"尚武精神"四个大字，赠送给精武体育会。

当时上海蓬莱路一带为日侨聚居之地，日本柔道会得知霍元甲勇挫俄、英两国大力士，今又创立了"精武体操会"，很不服气，特从国内选派十几名武术高手，由柔道会长亲自率领来华，以研究为名，请霍元甲等人来技击馆比武，双方各自择定公证人。

比赛开始时，霍元甲先命徒弟刘振声出阵，令其采用诱敌之法，寻机取胜，

101

霍元甲陵墓

刘振声上场后，稳如泰山一般，日方人员认为有机可乘，使用多种招数，竟没有撼动他。即使日方派出其力气最大者上阵，也被刘振声一脚踢得倒地不能动弹。刘振声以静制动，以逸待劳，连胜日方5人。日本领队见此情形非常恼火，便出阵向霍元甲挑战，二人一经交手，未经几个回合，日本领队便领教到霍元甲的厉害，于是企图暗中伤人，谁知霍元甲已看出破绽，虚显一招，当场用肘将其臂骨磕断。日方队员见此情形，便蜂拥而上，当即被中方公证人制止。这时，日本人改变了策略，在比赛后举行宴会招待霍元甲。席间

听闻霍元甲患有呛咳症，在此次比武中也有外伤，就介绍一名叫秋野的医生为霍元甲治病。平生胸怀坦荡的霍元甲毫无怀疑之心，欣然接受，并留住虹口白渡桥的秋野医院。霍元甲服药后，病情不但没有好转，反而逐渐恶化。此时精武会欲接霍元甲出院，秋野百般阻挠，后经多方周旋才出院，由精武会同人陈子正救治，因中毒太深而无药可救，于1910年9月14日长逝于上海精武体育会。霍元甲的徒弟和朋友们拿着霍元甲每日吃的药去化验，才知是一瓶慢性烂肺药，明白了这是日本人暗下的毒手。霍元甲逝世时年仅42岁。

黄飞鸿 >

黄飞鸿（1847年7月9日—1924年12月），原名黄锡祥，字达云，原籍南海西樵禄舟村，清道光二十七年（1847年）七月初九生于佛山，他是岭南武术界的一代宗师，也是一位济世为怀、救死扶伤的名医。1924年8月，广州商团总长陈廉伯在英帝国主义支持下，趁孙中山北伐，在广州发动武装暴乱，纵火劫掠。黄飞鸿与其继室莫桂兰苦心经营数十年的宝芝林连同刘永福写给他的牌匾和他唯一的照片亦毁于战火。黄飞鸿经不起沉重打击，因而忧郁成疾，是年12月不治去世，终年77岁。黄飞鸿身后萧条，贫无以殓，幸弟子邓秀琼为他料理后事，葬于白云山麓。

黄飞鸿一生以弘扬国粹，振兴岭南武术为己任，经其门人林世荣等整理的铁线拳、工字伏虎拳、虎鹤双形拳结构新颖，动作轻快，革除了以往南派拳法沉滞狭隘、动作重复之弊病。虎鹤双形，虎形练气与力，动作沉雄，声威叱咤，有推山倒海，龙腾虎跃之势；鹤形练精与神，身手敏捷，动作迅速，有静若处子，动如脱兔，气静神闲之妙。刚柔并用，长短兼施，偏正配合进退中规，成为飞鸿一脉之代表拳法，为武术界独树一帜。一时风行全省，并远传至港澳、东南亚甚至北美等地，迄今历久不衰。在新中国成立后，被列为中国高等体育院校教材内容之一。

黄飞鸿不仅武功超群，医术亦相当精湛，其驳骨疗伤之技时称一绝。光绪年中，在广州仁安里设"宝芝林"医药馆，悬壶济世，治病救人，上至将军，下至百姓，功效显著。福军首领刘永福亲为宝芝林题写"技艺皆精"的匾额，并聘飞鸿为福军技击总教练，后随刘到台湾英勇杀倭。

顾汝章 〉

　　顾汝章是江苏阜宁人，1894年出生于一个贫苦农民家庭。其时国弊民穷，兵荒马乱。他8岁起从山东武士严蕴齐学艺。严是清末民初人士，精通少林武艺，尤其擅长枪术，武林有"严大枪"之称。顾汝章苦学十年，尽得严师真传，青年时代即以少林武术显名于苏、湘、浙、鄂等省；尤精于铁砂掌。在1924年南京中央国术馆举办的全国国术比赛中，夺得最优奖。后传少林武艺于南国。

　　顾汝章少林功夫造诣极深。凡亲眼见过他表演武功的人，莫不交口称赞。他的少林武术不但适合表演，能以气势磅礴的武风鼓舞人的斗志，而且非常注重实打功夫，往往能以深厚的功力一举决胜。他的少林铁砂掌功尤其为人所称道，有"铁砂掌顾汝章"美名。他平时掌软如绵，不异常人，但一到实用之时，发掌有顽石立碎、生铁可裂之功。他掌力沉雄而控制有度，令人不可思议。不少老广州亲眼见过他把14块砖叠在一起，一掌下去，只见底面两块砖完好无损，而中间12块砖尽皆碎裂，其掌力之刚猛，透劲之灵活，令人瞠目结舌。观顾公身形精瘦，然其掌劲刚柔并济，运用随心，实具武学巨匠之风范。

少林武术

104

顾汝章在武林享有盛誉，但他从不自负，凡有表演或出身上进的机会，他总把够条件的学员推荐而去，以看到后生下辈能够赶上并超过自己为快事。

顾汝章身怀绝技，但从不恃武欺人。他待人谦恭有礼，全无门户偏见。他留居广州六七年，同广州的南派拳师一直和睦相处，他一方面传播北派武术，另一方面又研究南派武术，吸取其中的长处。当时广州的蔡李佛拳师谭三颇有名气，顾汝章就派出生徒向他学艺；谭三的生徒想学少林武术，他也乐意接受，尽心点拨。为使南方学员牢固地掌握少林武术，他还主动把一些功法和拳谱公开出来，让学员转抄。如此恢恢大度，在旧式的武术家中实为罕见。他忠厚耿直，时常急人所难，从不私利为念，不论朋友或生徒有困难，他都慷慨解囊相助，广州的武林同道得过他资助的不少。广州的老一辈武术家，说起顾汝章为人，莫不折服。

李小龙 >

李小龙，（Bruce Lee，1940年11月27日—1973年7月20日）原名李振藩，出生于美国加州旧金山，祖籍中国广东顺德均安镇。他是一位武术技击家、武术哲学家、著名的华人武打电影演员和功夫巨星。李小龙的一生是短暂的，但是他创造了多项世界之最，如同一颗耀眼的明星划过国际武坛的上空，对现代搏击技击术和电影表演艺术的发展做出了巨大的贡献。他主演的功夫片风行海内外，功夫闻名于世。在不少外国人心目中，他的功夫就是中国武术的象征。他开办"振藩国术馆"，自创截拳道，用33岁和4部半电影缔造了不朽的东方传奇。李小龙的出现打破了之前功夫动作片的虚假以及香港明星气质的萎靡，开创了华人进军好莱坞的先河，更创立了截拳道，让西方人认识和学习功夫，同时令动作片成为香港电影的主流片种之一。在全球各地都具有极大的影响力和知名度。他对中国电影业的贡献永不磨灭，在香港的4部半电影3次打破空前纪录，其中《猛龙过江》打破了亚洲电影票房纪录，他与好莱坞合作的《龙争虎斗》全球总票房达2.3亿美元。1964年与琳达·埃莫瑞走入婚姻殿堂，婚后生有一对子女。美国人称他为功

WU LIN ZHENG ZHUAN

夫之王,日本人称他为武之圣者。泰国人称他为武打至尊,电影界称他为功夫影帝。

李小龙生前曾自信地在一张便笺上写道:"我的明确目标是,成为全美国最高薪酬的超级东方巨星。从1970年开始,我将会赢得世界性声誉。到1980年,我将会拥有1500万美元的财富,那时候我和我的家人将过上幸福的生活。"1970年,李小龙确实轰动了整个西方。然而,1973年7月20日的猝然去世,使他没能实现自己对家庭的诺言。

李小龙生于美国旧金山市,他的童年和少年是在香港度过的。李小龙幼时身体非常瘦弱。他父亲为了使儿子体魄强壮,在他7岁时便教其练习太极拳。李小龙在13岁时跟随名师叶问系统地学习了咏春拳,并在家中设一座木桩,每天对着木桩勤练不辍。此外,他还练过螳螂拳、洪拳、少林拳、戳脚、节拳、白鹤拳等拳种,为后来自创截拳道打下了坚实的基础。

为了提高技击水平,李小龙除了勤习中国拳术外,还研究西洋拳的拳法,他一边参加西洋拳训练班,一边节省零用钱购买世界拳王路易士的拳击赛纪录片,从中学习拳王的步法、身法、拳法和训练方法;他还经常参加校内外的拳击比赛不断丰富实战经验,赴美深造自创截拳道。

李小龙在西雅图的生活相当艰苦，进入大学就读以后，他除了学习外，把精力都放在研习武术上。他在学校里组织了一支"中国功夫队"，经常在校园里进行训练和表演，博得了师生们的好评。李小龙经过精益求精的潜修苦练，使功夫逐渐娴熟乃至达到更高的境界。其中的"李三脚""寸拳"和"勾漏手"更是他的绝招。李小龙是个多面手，除了精通各种拳术外，还擅长长棍、短棍和双节棍等各种器械，并研习气功和硬功。

李小龙为了宣扬中华武术，在大学二年级期间，租了校园的一个停车场角落，作为武馆，挂起了"振藩国术馆"的牌子。他边教边练，刻苦磨炼，技术大有长进，尤以腿功造诣更为精深。在振藩国术馆里，他认识了来学武术的医学院女学生琳达，经过一年多的交往，他们渐渐产生了感情，在1964年8月，他俩正式结婚。婚后，李小龙夫妇双双辍学，合力经营武术馆。自此李小龙的名字便传遍了美国，佛罗里达州等电视台也请他表演腿法中国功夫引起人们的重视。国术馆的规模和设备不断完善，世界上许多显赫的武打明

西雅图

109

星如美国空手道冠军罗礼士等都争着拜他为师,好莱坞的著名电影明星如占士亨宾和史提夫都是他的门徒。美国各流派的拳师经常聚集在李小龙的武馆切磋武艺,他的"以武会友"的宗旨收到了预期的效果。1971年夏季,李小龙接受香港嘉禾电影公司的邀请,以1.5万美元的片酬签了两部影片,第一部是以中国武术为题材的《唐山大兄》，该片预算只有10万美元，而且剧本也是边拍边写的，在这种情况下却创下了香港开埠以来的电影最高票房纪录，达到了300万港元。继《唐山大兄》之后，李小龙又拍摄了《精武门》，《精武门》比《唐山大兄》增加了一倍的预算，引起更大的轰动，打破了亚洲票房纪录。李小龙在片中的大无畏精神和惊人的打斗技巧，特别是他表演中的"李三脚""地趟拳"和"双节棍"，令人赞不绝口。此后，李小龙又自组协和电影公司自编、自导、自演了影片《猛龙过江》和《死亡游戏》。《猛龙过江》更做世界性发行。还与美国好莱坞华纳电影公司联合拍摄了《龙争虎斗》，并亲自担任了主角。正当李小龙雄心勃勃，大展宏图，准备继续拍完《死亡游戏》的时候，1973年7月20日突然在香港逝世，年仅32周岁。李小龙逝世后安息于美国西雅图湖景墓地，他的儿子李国豪英年早逝也葬于此地。

叶问 >

叶问（1893—1972），本名叶继问，是广东佛山的大族富家子弟。从小受到家庭严谨的儒家教育。7岁起便拜"咏春拳王"梁赞的高足陈华顺（人称华公）为师学习咏春拳并成为陈华顺封门弟子。陈华顺逝世后，叶问再随师兄吴仲素钻研拳技。16岁那年，赴港求学外文，就读于圣士提反学校。后随梁壁（梁赞之子）学武。1950年赴香港，在港九饭店职工总会内传授咏春拳术。其弟子中最出名的是让中国武术闻名世界的武打巨星李小龙。

中国人在此年代，被外国人看作东亚病夫，有一次叶问看见七八个外国海员当街欺辱妇女，一向喜欢打抱不平的叶问上前制止，与七八个外国大汉战在一处，但双拳难敌四手，不到几个回合就渐落下风，就在此时一个青年人大喊一声，挤入围观的人群，同叶问一同合战外国大汉，最终打得七八个外国人人仰马翻，落荒而逃，此青年人正是梁赞之子梁壁。

得知眼前的正是咏春大师梁赞之子，叶问当即拜其为师，因而有缘再随梁壁深造咏春拳技，转眼过了两三年时光，叶问因得到梁壁指点，使咏春拳技能臻入化境。

还有一种说法，叶问当初遇见梁壁，是因为梁壁找到叶问，要求与他比武，但无论叶问如何进攻都被他一一化解。叶问一问，方知原来这是师叔梁壁。民国初年，被誉为中国四大镇的佛山，每年都流行"秋色"游行盛会，以展示特殊的民族手艺，每年游行都是人山人海，更有来自外乡游客。

在一次的"秋色"游行中，叶问与其表妹数人共观"秋色"游行，突有一当时的军阀排长对其表妹作出不礼貌行为，当时叶问身穿长衫，薄底绒鞋，甚似王孙公子打扮，而且体形并不高大，斯文仪表，望似可欺负，对方便是色胆包天，上前欲对其表妹动手动脚。这时，却被叶问突然以惯用的咏春拳手法，来个摊打齐发，只见对方当场应身倒地。一向欺压百姓的地方军阀，突然败在一个斯文书生手下，哪肯咽下这口气，更是恶向胆边生，起身拔枪，当时的叶问，一个转迅雷不及掩耳的手法，握住对方的左轮手枪，并以其大拇指的力量，直压左轮手枪的转轮，竟然把使其不能发射。在日军攻占佛山后，叶问的过人功夫，早被日本宪兵队闻悉，欲邀请担任宪兵队的中国武术指导。被拒之后，日军指派武术高手与叶问比武，言明若叶问被打败则听命差使，叶问在无法拒绝的情况下，只好接受比武，来者却是身材高壮，拳重马健，叶问摆出咏春桩手，二字钳羊马，目视对方，却一言不发，诱待兵来将挡，对方抢先出

113

叶问与爱徒李小龙

手,以箭标马进迫,叶问即变前锋的桩手为耕手,耕去对方箭,并同时转身跪马,拿正对方前腿之后膝位,迫使对方突然失去重心,对方虽未中招,却是败相毕露,叶问也及时收马,一声承让,跳出比武画地,真是高手过招,点到为止。事后,叶问在众人的掩护下撤离,而这场比武由于时间极短,被人戏称为"不到一分钟"。比武后的叶问,担心激怒日本军阀,暂离佛山,但却暗助我敌后工作开展,也曾参与军统培训。抗日战争胜利后,叶问虽有一身武功,却放弃设馆授徒,在县府刑事单位任职,历任佛山警察局刑警队队长,升督察长、代理局长,担负除暴安良工作,曾亲手侦破佛山沙坊之劫案,并在升平路升平戏院内亲擒劫匪,更得上级赏识,最后于1949年出任国民党政府广州市卫戍司令部南区巡逻队上校队长。但此时期也有镇压地下党组织的行为。于是1949年留下妻子及4名年幼儿女,只身前往香港,这段历史在大陆改革开放后由好友李民在报章说及其出身。

1949年,叶问来到香港,由好友李民推介,认识饭店公会理事长梁相,梁相也是武术爱好者,可说是武林中人,曾习龙形摩桥,得知叶问为咏春拳陈华顺门人,即行拜师学技,并请叶问在九龙深水埗大街的饭店公会公开传授,当时除李民、梁相外,尚有骆耀以及其外甥卢文锦等,不到十人,而李民与叶问早已是世好,可说是亦师亦友,以后有叶步青、徐尚田等相继投入,由于求技者日渐增加,当时投入学技的,以九龙巴士同人为最,由于求学咏春拳技连绵不断,为了有更大的空间和场地,叶问再三迁换场地于九龙利达街、李郑屋村、九龙兴业大厦,并分出晚间若干时段,到香港荷李活道执教,使咏春拳技推遍港九每个角落。叶问晚年收授梁挺为"封门弟子",将当时"咏春体育会"班徒交与梁挺继续教授并委以咏春体育会总教练职务;及后由梁挺所创

香港

办的"国际咏春总会"发展出来的梁挺咏春拳系，发展遍布全球65个国家和地区、4000多个支部，子弟门人近200万之众，蜚声国际、载誉全球；国际咏春总会成为目前全球最大的武术组织。梁挺与Wing Tsun所代表的"梁挺咏春拳系"，对咏春拳的发展及传扬，得到包括叶问所传的咏春其他众门人、派系的一致追捧，引以为傲。

20世纪60年代，年逾古稀岁的叶问功力仍不逊色于青壮年时代，时在香港黑社会抢劫之风最盛时期，因此叶问常在夜间四处巡视维护地区治安，一旦见到有流氓劫匪出刀意图抢劫路人，往往只见黑影一现，叶问就以疾风式的蹬踢踢向流氓，瞬间劫匪被踢出十数尺之外倒地不起。利达街也因此成为香港唯一安宁的地方。叶问也因此多次受到香港政府的表彰，得到"优秀市民"的称号。

叶问大师1972年12月1日在香港病逝。咏春拳一代宗师，精神永在，为后世门人之敬仰。

115

武侠梦

武侠是华人界特有的一种流行文化。武侠文化以各式侠客为主角，以神乎其神的武术技巧为特点，刻画宣扬侠客精神。

中国古代武侠作品 〉

即使是不提先秦诸子、史记汉书以及志怪、唐宋传奇、话本、民俗、戏曲之侠义人物和文艺，单就古典明清（尤其是清代以后到近代）侠义、公案文学，著名的就不胜枚举：《水浒全传》《包龙图公案》《海刚峰公案》。

清代后期：《三侠五义》《儿女英雄传》《施公案》《彭公案》《海公大红袍》《海公小红袍》《永庆升平全传》《绿牡丹》《圣朝鼎盛万年青》《刘公案》《狄公案》《林公案》《白牡丹》《正德下江南》《英雄大八义》（大宋八义）《小八义》（梁山后代）等侠义公案小说。

民国以后：民国以后出现的《明清八义》《三侠剑》《雍正剑侠图》（童林传）《五女七贞》等等，尽管从年代划分不属于"古典文学"，但也都属于传统侠义小说，多以曲艺说书形式流行到了当

代，由于小说、影视、戏曲、曲艺的发展，传统武侠文学被改编为评书、评话、弹词等各种形式的作品，不断丰富发展，续书也很多，比如《金刀黄天霸》、《白眉大侠》等。

《水浒全传》

118

那么所谓"新派武侠"小说究竟何所指？笔者认为理应以作品的内容所表达的新思想、新观念及新文学技巧而定，且缺一不可。新派武侠诞生客观上反映了中国作家追求民族独立和人文关怀的思想，因此题材更加广泛、更加精彩，人物形象也脱离了以往武侠一味求"侠"的风尚，更加贴近读者，表现了侠骨柔情的精神内涵。新派武侠因为其作者生活时代，在情节安排等方面抛弃了封建思想，也脱离了真实的历史背景，使作品更像是在一个架空的却与现实紧密相连的世界。如新派武侠开山之作《龙虎斗京华》就融入了义和团。在写作技巧上，新派武侠融入了西方小说的写作手法，人物形象更加丰满。

自梁羽生、金庸先后崛起香江，武侠小说即在传统的基础上又有所发展。香港方面，除梁、金二子外，另有蹄风、金锋、张梦还、牟松庭、江一明、避秦楼

武侠分派 〉

武侠小说之所以有新、旧两大派的说法，大抵是由新、旧文学之分而来。故范烟桥着《民国旧派小说史略》特加点明："旧派"主要是指章回体小说。然而此界定对于武侠小说而言，并无太大意义；因为凡是长篇武侠小说必分章回，无论其为对偶、孤句或是长短不一的回目，皆不例外。

主、风雨楼主、高峰、石冲等；而台湾方面则声势浩大，计有郎红浣、成铁吾、海上击筑生、伴霞楼主、卧龙生、司马翎（即吴楼居士）、诸葛青云、孙玉鑫、龙井天、墨余生、天风楼主、醉仙楼主、独抱楼主、蛊上九、古龙、陆鱼、上官鼎、东方玉、曹若冰、南湘野叟、武陵樵子、慕容美、萧逸、古如风、向梦葵、陈青云、柳残阳、司马紫烟、秦红、独孤红、温瑞安、贾羽等等（以上大略按其出道先后排序），云蒸霞蔚，极一时之盛。

最近大陆新崛起的武侠小说作家有步非烟、凤歌、闲云绿柳、小椴、沧月、藤萍等等，对武侠小说的境界做了新的探索。步非烟的作品玄幻气、脂粉气较浓，如《华音流韶》。凤歌初期学习金庸的痕迹较重，如《昆仑》，带有明显的《射雕英雄传》的影子，而新作《沧海》则已突破金庸境界，自创一脉风格。闲云绿柳是夫妻二人的笔名合在一起（闲云、绿柳），坚守传统武侠路线的同时，侧重于给武侠小说加入更多社会小说的元素，着力塑造了另类武侠人物宇文诚、隋云逸等，代表作是《剑影茗香》。沧月在武侠中加入了其他各种如动漫等元素，有听雪楼系列和鼎剑阁系列，文风空灵飘逸，比较华丽。藤萍的《香初上舞》，以上诸人都广受读者欢迎。

武侠与儒、道、禅 〉

从远古时期的部落战争，阪泉之战、涿鹿之战，习武就在当时人们的社会生活中占据了十分重要的位置。周武王《剑铭》中："带之以为服，动必行德，行德则兴，倍德则崩。"则更是强调"以仁德为武"，至此"武"与"儒"便愈发不可分了。

以后，游侠之风日盛，青少年多以身为游侠为荣，诗人骚客都崇尚书剑飘零、仗剑远游的生活。这些游侠总是或隐身山林，或略显神技后便飘然遁去，不知所终，颇具道士之风。《史记·游侠列传》更是以史书的形式记载了游侠的潇洒执着，话语间赞誉之意溢满文笔。

禅家思想：佛教的传入较儒、道思想的产生要晚，其与"武"的关系大概是缘于释迦牟尼习武修身养性之说开起，到少林寺以习武修身养性而出名。

"武侠"从其诞生的第一天起，就一直是属于平民阶层，武侠伦理实际上就是民间社会用以规范人际关系的道德标准，是一种"情义伦理"。它不仅和"儒家"思想相结合，又与"道家""禅家"等各种思想相结合，蕴涵了很深的伦理，包容了极大的范围，是个不断再包容的文化。虽然在历史上，它们曾一度互相排挤、互相贬低，但随着历史发展到今天，它们可以说是完全融合，分不清彼此了。正如刘鹗所言："儒、释、道三教，譬如三个铺面挂了三个招牌，其实都是卖的杂货，柴米油盐都是有的，不过儒家的铺子大些，佛、道家的铺子小些。皆是无所不包的。"早在西汉时期，儒教已经过统治者的"独尊儒术"成为那时中国唯一的显学，深深植根于人们的观念和社会中；佛教（从现有史料上看）于西汉末传入我国，至东汉后便逐渐流行，略思便可知，佛教之所以能在中国立足、得以传播，必是依附于中国传统文化思想，与中国社会意识形态相适应，援儒入佛，设法通过儒士传播其教义，才快速流行起来的。其中最典型的要属东汉牟子的由儒而佛了，据《牟子》十四章云："（儒与佛）如金玉不相伤，精魄不相妨"，可兼信，亦可互补。东晋的孙绰在《喻道论》中也曰："周孔即佛，佛即周孔，盖内外名之耳----"且当时君王信佛之人亦不胜枚举。显而易见，他们不过走的是一条道，用的是不同的方法而已。而在宋代，理学思潮的崛起，从根本上是衰微的儒家振兴自救，以对抗泛滥的佛教与道教的一次文化运动，它在佛道中又融合了佛道，对儒家传统文化的结构进行了一次新的调整。由此可见，中国传统文化从来都是"据于儒，依于道，逃于禅"的，从来都是以此来平衡国人因进与退、仕与隐所带来的巨大反差心理的。

至于"武"与"侠"结合的开始，则早在先秦春秋时期，由"士"化分而出，即所谓"文者为儒，武者为侠"。在这一方面，儒家的对立面——法家的创始人韩非子在《韩非子·五蠹》中叙述得很明白："儒以文乱法，侠以武犯禁"。话虽有其偏激之处，却一语道破了"武侠"与"儒家"同出一源的事实。它们之间互

相抗衡，互相影响。

然而，分久必合，两种文化的融合点逐渐扩大。从"武"可以健身看，与"儒家""禅家"的"修身养性""道家"的长生不老就不谋而合。至此，"武"再也不是上古时代单纯的用招数、用兵器互相格斗了。它已经成了一种伦理，一种文化，已经上升为一种"侠"，一种精神，甚至成为一种民族的象征，一种独特的集体潜意识的人格崇拜，一种追求人格完美的中华民族的民族情结。

如今的社会竞争越来越激烈，欲海横流，武侠小说以其古老的伦理重义轻利、重亲情讲友爱、互助互利的精神，为从古至今的中国人提供了一个从精神上复归传统的最便捷的途径，提供了一个传统道德上的乌托邦。它发展到现在已成为中国人的道德乐园，保持了强大持久的生命力。

而我国的传统文化一直以"入世"和"出世"思想为主导，不"入"则"出"，"入""出"结合，"武侠"正好可以做到两者的完美结合。于是"武侠"在新旧交替的时代便成了幻想救国的出路之一，也成了自古文人的共同喜好。

因而，从某种层面上看中国四大传统文化可归为："武侠"、"儒"、"道"、"禅"。

武侠作家 〉

• 梁羽生

梁羽生本名陈文统，1924 年生，广西蒙山人。岭南大学经济系毕业，曾任《新晚报》副刊编辑，文史造诣颇深。1954 年以"梁羽生"为笔名，初于《新晚报》发表中篇武侠连载小说《龙虎斗京华》；其所用楔子、回目、笔法无一不旧，甚至部分故事情节、人物亦明显套自白羽《十二金钱镖》。继写《草莽龙蛇传》，亦复如是。然与当时流行的广派武侠小说相较，却令人有一新耳目之

梁羽生

感——这大概是标榜新派唯一能成立的理由。梁羽生对此并不讳言，自承：白羽的小说写民初各阶层人物，因为作者本人入世极深，写来细腻，最合懂得人情世故的人看。可是我受生活经历的限制，气质又完全不同；要走正统道路吗? 肯定不成功。于是只好自己摸索，走一条浪漫主义的路了。后又有《七剑下天山》之作。《七剑下天山》据说是梁羽生取材于英国女作家伏尼契《牛虻》中的部分情节，而写天山派凌未风、易兰珠等男女弟子闯荡江湖、可歌可泣的传奇故事。全书共30回，都40余万言；由于其楔子所提到的少侠杨云骢出场便死，疑云重重，乃另作《塞外奇侠传》交代，是为前传；而书中又提及武当大侠卓一航与玉罗刹之间的情孽纠缠，曲折离奇，不遑细述，遂再作《白发魔女传》以补述前情。

金庸

• 金庸

　　金庸本名查良镛，1924 年生，浙江海宁人。早年曾先后于中央政校、东吴大学研读法律；历任《东南日报》记者、《大公报》编译、《新晚报》编辑以及长城电影公司编剧、导演。1959 年查氏在香港创办《明报》，获得读者广大欢迎，却是与他写武侠小说驰誉中外分不开的。

　　1955 年查良镛以金庸为笔名，继梁羽生之后，在《新晚报》发表武侠连载小说《书剑恩仇录》。他巧妙地运用民间流传清帝乾隆疑系海宁陈世倌（曾任文渊阁大学士）后人的说法，又杜撰出"红花会"（反清复明组织）总舵主陈家洛，作为乾隆的同胞兄弟。于是小说即在这样两极冲突、满汉对立的野史布局下展开；再穿插了陈

家洛与霍青桐、香香公主之间的悲欢离合，极尽波谲云诡之能事。《书剑恩仇录》（新版改名《书剑江山》），共 20 回，60 万言；虽然只是金庸的武侠处女作，但文采斐然、对白传神；处理群戏场面，繁而不乱。啼声初试，即一鸣惊人！与梁羽生同时创作的《七剑下天山》比较，二人均善于结合历史传说而虚构人物故事；而金庸运笔不测，尤饶奇趣！其小说声口之佳，直逼白羽，且骎骎然有后来居上之势。

　　如果说《书剑》是金庸迈向成功的一小步，则越过虚实相映成悲、反讽农民起义的《碧血剑》（1956 年），挟着史诗般大格局、大气魄的《射雕英雄传》（1957 年）即一跃而登武侠小说的顶峰。《射雕》是南宋末年天下大乱为历史背景，描写长春子丘处机为保全忠良义士遗孤郭靖、杨康（暗嵌"靖康之耻"），而与江南七怪打赌传艺所引发的一连串可歌可泣的故事。作者布局绝妙，以种种阴错阳差，安排郭靖自幼即随母远居大漠，刻苦自励，始终不忘家恨国仇；而杨康则随母进入金国赵王府，认贼作父，安享荣华富贵——这分明是脱胎自元代纪君祥《赵氏孤儿大报仇》的戏剧架构，却更有出奇的变化与发展。而就丘处机与江南七怪的所作所为来看，其一诺千金、不顾死生的精神，恰好构成一幅侠气峥嵘的《八义图》，从中便知作者寓意所在，用心良苦！

　　诚然，以通俗文学所要求的可读性与趣味性而言，《射雕英雄传》除若干情节

未能自圆其说外，无疑具备了一切成功的条件——其故事之曲折离奇、人物之多种多样、武功之出神入化乃至写情之真挚自然，均为同辈作家所不及；即或偶有败笔，亦瑕不掩瑜。在这部罕见的巨作中，金庸将历史、武侠、冒险、传奇、兵法、战阵与中国固有忠孝节义观念共冶于一炉；信笔挥洒，已至随心所欲的地步。全书浩然正气跃然纸上，民族大义融贯了每一章节。是故，金庸乃以《射雕》一书而成不世之名，建立了他在当代武侠小说界的权威地位。虽然他自己并不满意这部"开宗立派"之作，于20世纪70年代初曾大事修改，增删为今传之四十回新版本，都百余万言，颇失原味——但持平而论，此后他力求自我突破、创新的武侠名著，尽管各有声华惊海宇，然以通俗文学所要表达的生命意义、价值及其整体规模、气象来看，均不逮《射雕》之博大精深。

《鹿鼎记》（1969年）以一个仅识武功皮毛而不学有术的小杂种，竟将天下英雄、历史人物玩弄于股掌之上；乃开中国武侠小说前所未有无剑胜有剑的新境界。金庸出于向自我挑战心理，乃一反武侠传统，打破世俗观念，彻底解放人性；教韦小宝斗智不斗力，为了争取生存机会，无所不用其极！其实这正合孙子兵法所谓上兵伐谋之道，因而武功在此尽成虚妄；韦小宝机诈百出，到处招摇撞骗，竟无往而不利！

总而言之，金庸所建构的入世武侠神完气足，刚柔并济；与早年还珠幻设的出世武侠前后辉映，亦同臻雄奇壮美之境。特别是金庸灵活运用还珠小说中的奇妙素材，含英咀华，所过皆化；再采取西洋文学技巧及电影手法予以捏合，乃使武侠小说脱胎换骨，焕发新姿，普遍获得世人肯定与重视。凡此绝异成就，当然是跟金庸本身兼具深厚的文史素养与卓荦才华息息相关。正因如此，其同辈及后起武侠作家或以主观条件不足，便难乎为继，多半只能遵循既往"帮会技击派"的路数，在江湖仇杀中讨生活了。

武林正传

• 古龙

　　古龙祖籍江西，原名熊耀华，幼年迁居台湾，生长于破碎的家庭，1952年父母离异，古龙独自住在台北县瑞芳镇，造成他的浪子个性。

　　少年时期嗜读古今武侠小说及西洋文学作品，古龙说"我喜欢从近代日本及西洋小说偷招"，师大附中初中部、成功中学毕业，淡江英专（即淡江大学前身）毕业后开始从事小说创作。

　　1949年发表第一篇短篇小说。

　　1960年始尝试写武侠小说《苍穹神剑》。当时，台湾侠坛卧龙生、诸葛青云、司马翎三人名噪一时。

　　1964年出版《浣花洗剑录》，是古龙武侠小说的一个里程碑，代表着他武侠创作的成熟期。

古龙

　　1967年所写的《铁血传奇》（首三部楚留香传奇），集武侠、文艺、侦探、推理于一身，阅读起来有如"福尔摩斯探案"。

　　古龙一生创作大量武侠小说，其中《大旗英雄传》《楚留香传奇》《陆小凤传奇》《多情剑客无情剑》《绝代双骄》《武林外史》《萧十一郎》《七种武器》《流星蝴蝶剑》《三少爷的剑》《欢乐英雄》《白玉老虎》《边城浪子》等作品，广受读者欢迎。到了创作后期，他依然不断求变，多次说"武侠小说到了要变的时候"；曾在小说中渗入散文的句法，写出《天涯明月刀》等小说。然而，这类作品并不为读者与批评家所欣赏。

　　古龙嗜酒，常牛饮，上世纪70年代末染上肝病，健康逐渐走下坡路。

　　20世纪80年代初在北投吟松阁饮宴时遭人砍伤，失血2000cc。

　　1982年5月，古龙与华视签了两年的制作人合约。

　　1985年9月21日因肝硬化引起食道瘤大出血，撒手人寰，享年49岁。出殡时，友人林清玄在他的棺材里放了48瓶XO酒（威士忌）陪葬。其中一副挽联是："小李飞刀成绝响，人间不见楚留香。"

　　古龙生前情归多处，学生时代即与舞女郑莉莉同居，后来又迷上舞女叶雪，不久又跟高中生梅宝珠结婚，最后以离婚收场，第二位夫人是于秀玲，长伴至古龙病逝。古龙的大弟子丁情说："因为古大侠寂寞，所以他便追求新奇，所以他的婚姻不能长久。古大侠生性是浪子。"古龙与

48 瓶 XO 共葬于台北极北之地北海明山墓园。

古龙去世后，小说的版权纠纷开始由法院审理。

2005 年，台湾淡江大学举办第九届文学与美学国际学术研讨会，主题为武侠小说，集中讨论古龙的作品。之后林保淳编了一部论文集，由学生书局出版：《傲世奇才——古龙：古龙与武侠小说国际学术研讨会论文集》。

影视改编方面，古龙多部小说极受导演青睐，不断改编成电视、电影，当中包括《楚留香》《多情剑客无情剑》《绝代双骄》《陆小凤》等。在邵氏年代，楚原拍摄的古龙作品最多。

• 蹄风

蹄风本名周叔华，上海人，生卒年不详；原为"广派"武侠老作家之一，但地域色彩并不甚浓，曾写过《血战古兜山》《勇闯十三关》及《海南侠隐记》等短篇武侠小说。在所谓"新派"武侠崛起之际，蹄风亦别走偏锋，以边疆民族传说为题材而撰《猿女孟丽丝》《天山猿女传》等书，由是声名渐着。嗣后，从 1956 年起，蹄风陆续推出《游侠英雄传》（即台版《四海英雄传》）、《游侠英雄新传》《龙虎恩仇记》《清宫剑影录》及《武林十三剑》等系列作品，紧紧扣住"反清复明"的故事主题；演叙青龙会联合天下剑客、奇人，与江南八侠共同对付"魔王"雍正之始末，以及清宫诸皇子为夺帝位、尔虞我诈之内斗，长达百余万言。由于故事情节曲折离奇，武打紧张热闹，乃轰动一时。蹄风挟此"清宫派武侠"和金庸、梁羽生早期作品互争雄长，几有鼎足而立之势。《游侠英雄传》显然深受郑证因"帮会技击派"小说影响，故一开场就大谈中国武术源流，兼论内外家功夫之长短；书中对于清初秘密帮会活动情形，缕述甚详。此一系列小说旁参野史、传说，原本格局甚大；惜因作者缺乏新文学技巧，从头到尾都以旧氏说书人的口吻"说书"；故个别情节虽波澜起伏，引人入胜，整体看来，不无枝蔓杂生之感。其未能获得较高评价，症结在此。

图书在版编目（CIP）数据

武林正传 / 魏星编著 . —长春：北方妇女儿童出
版社，2016.2（2021.3重印）
（科学奥妙无穷）
ISBN 978 - 7 - 5385 - 9729 - 5

Ⅰ. ①武…　Ⅱ. ①魏…　Ⅲ. ①武术 - 中国 - 青少年读
物　Ⅳ. ①G852 - 49

中国版本图书馆 CIP 数据核字（2016）第 007759 号

武林正传
WULIN ZHENGZHUAN

出 版 人	刘 刚
责任编辑	王天明　鲁 娜
开 本	700mm×1000mm　1/16
印 张	8
字 数	160 千字
版 次	2016 年 4 月第 1 版
印 次	2021 年 3 月第 3 次印刷
印 刷	汇昌印刷（天津）有限公司
出 版	北方妇女儿童出版社
发 行	北方妇女儿童出版社
地 址	长春市人民大街 5788 号
电 话	总编办：0431 - 81629600

定　价：29. 80 元